Vocabulaire de l'islam

DOMINIQUE SOURDEL
Professeur émérite à l'Université de Paris-Sorbonne

JANINE SOURDEL-THOMINE
Professeur émérite à l'Université de Paris-Sorbonne

DES MÊMES AUTEURS

La civilisation de l'Islam classique, Paris, Arthaud, 1968.
Dictionnaire historique de l'islam, Paris, PUF, 1996.

DE D. SOURDEL

Inventaire des monnaies musulmanes anciennes du musée de Caboul, Damas, Institut français, 1953.
La description d'Alep d'Ibn Shaddâd, Damas, Institut français, 1953.
Le vizirat abbasside de 749 à 936, Damas, Institut français, 1959-1960.
L'islam médiéval, Paris, PUF, coll. « L'Historien », 1979.
L'État impérial des califes abbassides, Paris, PUF, coll. « Islamiques », 1999.
Histoire des Arabes, Paris, PUF, coll. « Que sais-je ? », n° 1627, 8ᵉ éd., 2002.
L'islam, Paris, PUF, coll. « Que sais-je ? », n° 355, 21ᵉ éd., 2002.

DE J. SOURDEL-THOMINE

Épitaphes coufiques de Bâb Saghîr, Paris, de Boccard, 1950.
Le guide des lieux de pèlerinage d'al-Harawi, Damas, 1953 et 1957.
Die Kunst des Islam (en collab. avec B. Spuler), Berlin, 1973.
Laskhari Bazar. Une résidence royale ghaznévide et ghouride, 1 B, Paris, de Boccard, 1977.
De l'art de l'islam, Paris, Geuthner, 1984.

Note au lecteur

La transcription des mots arabes est simplifiée,
le U doit se lire OU et le SH en CH

ISBN 2 13 053216 0

Dépôt légal — 1ʳᵉ édition : 2002, novembre

© Presses Universitaires de France, 2002
6, avenue Reille, 75014 Paris

— A —

'ABADA – « Adorer [Dieu] ». Terme dont la racine sert à former plusieurs mots du vocabulaire religieux. V. **'abd, 'âbid, 'ibâdât** et **'ubbâd.**

'ABBÂS (al-) – Oncle paternel de **Muhammad**, appartenant au clan **qoreïchite** des **Hachimides**, qui était chargé à la **Mekke** de la **siqâya** auprès de la **Ka'ba** pré-islamique. Il ne suivit pas son neveu lors de l'**hégire** et ne se rallia à lui qu'en 630, lorsque Muhammad occupa la Mekke. Il n'en fut pas moins considéré avec faveur par la tradition musulmane car il était l'ancêtre dont se réclamait la **dynastie califienne** des **Abbassides**. V. **Ibn al-'Abbâs.**

ABBASSIDES – Descendants d'al-'Abbâs, un oncle de **Muhammad**. Prirent le pouvoir comme **califes** en 750, gouvernèrent l'Empire islamique en dépit des rébellions et des dissidences jusqu'en 945 et conservèrent ensuite à **Bagdad** une autorité nominale fondée sur leur prestige spirituel jusqu'en 1260, puis furent maintenus par les **Mamlouks** comme une **dynastie** fantoche au **Caire** jusqu'en 1517. V. **Hachimides.**

'ABD, pl. **'UBUD, 'IBÂD, 'UBADÂ'** et autres – « Serviteur, esclave ». Le mot formé sur la racine **'abada** signifie souvent « serviteur [de Dieu] », expression s'appliquant à **Muhammad** dans le **Coran** et ensuite à tout croyant, surtout dans la formule *al-'abd al-faqîr*, « le pauvre serviteur [de Dieu] ». – On le trouve aussi dans des **noms** théophores musulmans qui se situent dans la ligne d'une tradition sémitique et ont connu très tôt dans la société islamique, comme **'Abd Allâh** ou **'Abd al-Rahmân**, une vogue particulière. Selon cette même acception, le pluriel *'ibâd* est employé pour désigner « les humains ». – Au sens technique d'« esclave », terme le plus commun qui peut être remplacé par **mamlûk** et *khâdim*.

ABDÂL – « Ceux qui se substituent ». Dans la mystique musulmane, **saints apotropéens** qui se succèdent les uns aux autres sans que leur nombre change ni que soit altérée leur hiérarchie. V. **abrâr, ghawth** et **qutb.**

'ABD ALLÂH – « Esclave ou serviteur de Dieu ». Expression qui, tout en étant employée comme élément de la titulature des premiers **califes**, constitua aussi, dès cette époque, le plus simple des **noms** théophores **de personnes** et rencontra une grande faveur. V. **'Abd al-Rahmân** et **Allâh.**

'ABD AL-RAHMÂN – « Serviteur du Clément ». Nom fréquemment porté par les musulmans. Appartient à la série des **noms** théophores **de personnes** formés sur des qualificatifs que l'on désigne comme les **Beaux noms de Dieu** et qui correspondent aux **attributs** discutés par la théologie. V. **rahma** et **Rahmân (al-).**

'ÂBID, pl. **'UBADÂ', 'ÂBIDÛN** et **'UBBÂD** – « Dévot » et, chez les **soufis**, « ascète ». V. **ascétisme, Zayn al-'Âbidîn.**

ABLUTIONS – Nécessaires pour obtenir la **pureté rituelle** qui est requise pour la Prière rituelle ou **salât** et pour le **Pèlerinage**. – L'état d'impureté mineure, causé surtout par la satisfaction des besoins naturels, cesse par l'accomplissement d'une ablution simple ou *wudû'* accomplie dans une annexe de la **mosquée**, le **mida'**, ou auprès d'un bassin d'eau courante au centre de la cour, le **hawd** en arabe. – L'état d'impureté majeure, provoqué essentiellement par des relations sexuelles, cesse par la grande ablution ou **ghusl** dont la pratique a entraîné la multiplication, dans les villes musulmanes, des bains ou **hammams**. V. **tayammum**.

ABOU – V. **Abû**.

ABRÂR – Les « Purs ». – Une des appellations, dans le **Coran**, des **élus** au jour du Jugement ou **yawm al-dîn**. – S'applique aussi, dans la **mystique**, à une catégorie de **saints apotropéens**. V. **abdâl**, **ghawth** et **qutb**.

ABROGATION – En arabe **naskh**. Visant à annuler la valeur contraignante d'un verset du **Coran** lorsqu'un nouveau verset, l' « abrogeant » ou **nâsikh**, est venu contredire une prescription formulée dans un verset révélé antérieurement, l' « abrogé » ou **mansûkh**. Ainsi, l'obligation de faire la Prière rituelle ou **salât** en se tournant vers **Jérusalem** fut abrogée par un verset prescrivant de se tourner vers la **Mekke**.

ABÛ ou **ABOU** – « Père » ou « père de ». Terme utilisé dans la partie du **nom de personne** musulman que l'on nomme **kunya**.

ABÛ BAKR – Premier **calife** de l'islam parmi les quatre **Râshidûn**. Élu par la **communauté**, il régna de 632 à 634, après avoir été le beau-père et le **Compagnon** de **Muhammad** avec qui il avait partagé notamment l'Expatriation ou **hégire** vers Yathrib, la future **Médine**. V. **'Â'isha**.

ABUS (juridiction des) – V. **dâr al-'adl** et **mazâlim**.

ABYSSINIE – Pays où certains des premiers musulmans persécutés émigrèrent, avant de se rendre à **Médine** après l'**hégire** de **Muhammad**.

ACCAPAREMENT – Pratique économique condamnée. V. **ihtikâr**.

ACCEPTATION – Terme juridique des contrats, notamment de **vente**. V. **qabûl**.

ACCIDENT – Terme philosophique. V. **'arad**.

ACHARISME ou **ASH'ARISME** – École théologique dont on attribue la fondation à al-Ash'ari (m. 935) et qui adopta une position de juste milieu entre le **traditionalisme** et le **mu'tazilisme** : elle affirmait l'existence des **attributs** divins, tout en déclarant qu'on ne pouvait l'expliquer, et croyait au **libre arbitre** de l'homme qu'elle interprétait comme une « acquisition », **kasb** ou plutôt **iktisâb**. Insistant sur la puissance de la volonté divine ou **irâda**, elle adopta une conception de l'univers fondée sur la **création** continue. – Devint l'école théologique la plus répandue dans le monde musulman jusqu'à l'époque contemporaine.

ACHOURA ou **'ASHÛRA** – Fête religieuse fixée au 10 du mois de **muharram** et commémorant, en milieu **chiite**, la mort violente d'**al-Husayn**, petit-fils de **Muhammad**, tué à **Karbala'** en 680. – Célébrée à **Bagdad** à partir de 962 jusqu'à l'arrivée des Seljoukides **sunnites** en 1055, ainsi qu'au **Caire** sous les **Fatimides**, puis de nouveau en Iran lorsque l'**imamisme** duodécimain y devint prépondérant. – En milieu sunnite, fête comportant un jeûne surérogatoire, à laquelle viennent se mêler, au **Maghreb**, des rites agraires.

ACQUISITION ou **IKTISÂB** – Notion théologique. V. **acharisme** et **libre arbitre**.

ACTES HUMAINS – En arabe **a'mâl**, dont le terme **hukm** pl. **ahkâm** désigne la « qualification juridique ». V. **jabr, jabrites, libre arbitre** et **mu'tazilites**.

ACTES JURIDIQUES – V. **'aqd**.

'ÂD – Peuple **arabe** de l'époque anté-islamique auquel s'adressa le **prophète Hûd**.

'ÂDA – « Coutume, usage, **droit coutumier** ».

ADAB – « Savoir-vivre » qui fut enseigné, dans les premiers siècles de l'islam, par des traités iraniens traduits en arabe et accueillis par les milieux cultivés dans la **Bagdad** des **califes abbassides**. – Intégré ensuite dans les règles de la **bienséance** musulmane. V. **adîb**.

ADAM – Personnage biblique et premier être humain. Sa **création** par Dieu fit suite à la création du « monde » ou **'âlam**. – Il fut aussi le premier **prophète** et celui dont le souvenir est évoqué aux alentours de la **Mekke**. V. **anges, Hawwa, khalîfat Allâh** et **mîthâq**.

'ADHÂB – « Châtiment » divin réservé aux **damnés** au jour du Jugement ou **yawm al-dîn**. Son annonce, confiée aux **prophètes**, est partout dans le **Coran**. Il est précédé du « châtiment de la tombe » ou **'adhâb al-qabr**.

'ADHÂB al-QABR – « Châtiment de la **tombe** », que les hommes non **martyrs** subiront, selon la Tradition ou **hadîth**, aussitôt après la **mort** et dont l'exécution est confiée à des **anges**.

ADHÂN – « Appel » à la Prière rituelle ou **salât**, constitué de plusieurs formules qui, en milieu **sunnite**, sont au nombre de sept : 1. « Dieu est très grand » **(Allah akbar)** ; 2. « J'atteste qu'il n'y a point de divinité en dehors de Dieu », première partie de la **shahâda** ; 3. « J'atteste que **Muhammad** est l'**envoyé** de Dieu », deuxième partie de la shahâda ; 4. « Venez à la Prière » ; 5. « Venez au bonheur ou *falâh* » ; 6. « Dieu est très grand » ; 7. « Il n'y a point de divinité en dehors de Dieu ». – Les **chiites** ajoutent une huitième formule : « Venez à la meilleure des œuvres. » – L'**adhân** est psalmodié du haut des **minarets** par le **muezzin** et répété au moment où commence la Prière, portant alors le nom d'**iqâma**.

ADHRUH – Localité de Transjordanie connue par l' « arbitrage d'Adhruh ». – Là se rencontrèrent en 658 les deux arbitres ou **hakam** chargés de régler le différend entre **'Ali** et Mu'âwiya qui, à des titres divers, prétendaient l'un et l'autre à la fonction de **calife** ou « successeur » de **Muhammad**. V. **Siffîn**.

ADÎB, pl. **UDABÂ'** – « Homme cultivé » dont l'érudition peut impliquer, mais pas nécessairement, la maîtrise des **sciences religieuses** de l'islam, qu'étudie plutôt le « savant » ou *'âlim* pl. *'ulamâ'*, d'où **ouléma**. V. **adab**.

'ÂDIL, pl. **'UDÛL** – « Personne équitable, de bonne moralité », ayant les qualités nécessaires pour être témoin. – D'où « témoin officiel ou instrumentaire », qui figure sur une liste établie par le juge ou **cadi** et à qui l'on peut recourir pour authentifier légalement par sa signature les différents actes juridiques ou **'aqd**. – Improprement traduit parfois par « notaire ». V. **adoul**.

'ADL ou **'ADÂLA** – Terme arabe signifiant d'abord « équité, égalité de répartition », d'où « **justice** » rendue par le souverain et le **cadi**. – S'applique aussi à la « justice divine » impliquant, pour les **mu'tazilites**, que Dieu ne peut être responsable du **mal**, selon un principe qui permit à ces « rationalisants » d'établir le **libre arbitre** de l'homme. – De leur côté, les moralistes imprégnés d'aristotélisme ont introduit la notion de vertu. V. **'âdil, ahl al-'adl** et **dâr al-'adl**.

ADOUL – Terme employé parfois en français pour **'âdil** pl. **'udûl**.

ADULTÈRE – Puni par une « peine légale » ou **hadd**. V. **zinâ**.

AFFRANCHI – En arabe *'atîq* ou *mukâtab*. – L'affranchissement de l'**esclave** est recommandé par le **Coran**. Les esclaves-militaires, très nombreux à partir du Xe siècle, étaient souvent affranchis pour devenir officiers. V. **Mamlouks** et **mamlûk**.

AGHA KHAN – Titre actuel du chef spirituel de la communauté des **chiites ismaéliens nizaris** ou néo-ismaéliens.

AHALLA – Verbe désignant l'acte de « se désacraliser » après avoir accompli le **hajj** ou la **'umra** à la **Mekke**. V. **désacralisation**.

'AHD – « Pacte, traité ». Terme mentionné dans le **Coran** pour les conventions conclues temporairement par **Muhammad** avec les incroyants. V. **Hodeïbiya, hudna** et **walî al-'ahd**.

AHKÂM – Pl. de **hukm** au sens de « degrés de qualification » des **actes humains** ou **a'mâl**.

AHL al-'ADL wa-l-TAWHÎD – Les « partisans de la justice divine et de l'unicité divine », c'est-à-dire les **mu'tazilites**.

AHL al-BAYT – Les « gens de la Maison » de **Muhammad**. – Expression venue du **Coran**, qui désigne, selon les **sunnites**, les épouses de Muhammad et, selon les **chiites**, sa descendance directe, c'est-à-dire sa fille **Fâtima** qu'entourent son époux **'Ali** et leurs enfants **al-Hasan** et **al-Husayn**. V. **âl Muhammad, chiisme, imâm** et **imams chiites**.

AHL al-HADÎTH – Les « gens du **hadîth** » ou les « partisans de la Tradition », c'est-à-dire les juristes ou **faqîh** qui, pour définir les règles du droit religieux ou **fiqh**, s'en tiennent au **Coran** et à la Tradition ou hadîth. V. **traditionalisme**.

AHL al-HALL wa-l-'AQL – Les « hommes qui lient et délient ». Ceux qui se rencontrent pour aboutir à un **consensus** de la **communauté**.

'ALAYHI l-SALÂM – « La paix ou le salut soit sur lui ». – Formule, construite autour du terme **salâm**, qui suit obligatoirement le nom de tout **prophète** mentionné oralement ou par écrit. – Une formule plus longue de bénédiction, qui commence par **sallâ Allah 'alayhi**, est employée pour **Muhammad**.

ALEVIS – Membres de **mouvements religieux** attachés au souvenir de **'Ali**.
– Ils vivent actuellement en Turquie, les uns en Anatolie et les autres, qui se rattachent aux Alaouites de Syrie ou **nusayris**, autour de la ville d'Iskanderun/Alexandrette.

ALEXANDRE – V. **Dhû l-Qarnayn**.

'ALI ibn ABI TÂLIB – Cousin et gendre de **Muhammad** dont il avait épousé la fille **Fâtima**, qui fut écarté du pouvoir par les **Compagnons**.
– Entré en lutte contre Mu'âwiya qui avait pris le pouvoir comme cousin du quatrième **calife 'Uthmân** et **Qoreïchite** du clan d'Umayya ou **Omeyyade**, il fut assassiné à **Koufa** en 661. – Ses partisans sont les **chiites** et il est considéré par les **imamites** duodécimains comme leur premier **imâm**. V. **Adhruh, 'Alides, Najaf** et **Siffîn**.

'ALI al-ASGHAR – V. **'Ali Zayn al-'Âbidin**.

'ALI al-HÂDI – Le Xe **imâm** des **imamites** duodécimains, mort en 868 à **Samarra** où les **chiites** vénèrent son tombeau, dans le mausolée des **'Askariyayn** qui abrite également la tombe du XIe imâm, son fils **al-Hasan al-'Askari**.

'ALI al-RIDÂ – Le VIIIe **imâm** des **imamites** duodécimains, mort en 818 en Iran, dans la localité de Tûs où son tombeau, vénéré par les **chiites**, a donné naissance au sanctuaire et à la ville actuelle de **Mashhad** ou **Meched**.

'ALI ZAYN al-'ÂBIDÎN – Ou **'Ali al-Asghar**. Fils d'**al-Husayn**, IIIe **imâm chiite** des **ismaéliens** septimains et IVe des **imamites** duodécimains.
– Vanté pour sa **piété**, il mourut en 715 à **Médine** où il fut enterré près du tombeau de son oncle, l'imâm **al-Hasan**.

'ALIDES – Descendants de **'Ali ibn Abî Tâlib**, parmi lesquels figurent les **imâms** du **chiisme**. V. **Hachimides, sayyid** et **sharîf**.

ALIF – Première lettre de l'alphabet arabe considérée par les mystiques comme le symbole de Dieu dans son « unicité » ou **tawhîd**.

ALIGARH (mouvement d') – Courant de pensée du XXe siècle que l'on désigne par le nom de la ville de l'Inde où fut fondé, en 1875, le Muhammadan Anglo-Oriental College que dirigeait Sayyid Ahmad Khan et qu'il orienta vers un **modernisme** modéré. V. **Deobend (mouvement de)**.

'ÂLIM, pl. **'ULAMÂ'** – « Savant » en matière religieuse. V. **ouléma**.

'ALÎM (al-) – Le « Très Savant ». Un des **Beaux noms de Dieu**.

ALIMENTS – V. **interdits alimentaires** et **sawm**.

ALLÂH – Dieu **unique, créateur** de l'univers ou **'âlam**, pourvu, dans le **Coran**, de qualificatifs tels que « puissant », « savant », « clément », etc. que l'on appelle les **Beaux noms de Dieu** et où les théologiens ont vu le plus souvent l'expression d'**attributs** éternels distincts de l'entité divine. A révélé à **Muhammad** le livre appelé **Coran**. **V. lâhût.**

ALLÂH AKBAR – « Dieu est le plus grand ». – **Doxologie** que le musulman prononce (*kabbara,* en arabe) dans de nombreuses circonstances de sa vie quotidienne, que reproduisent d'innombrables **inscriptions** et qui fait partie du rituel, notamment dans l'**adhân** ou appel à la Prière, au cours du **hajj** et lorsque le combattant lance une attaque.

ALLÂH A'LAM – « Dieu est le plus savant ». – **Doxologie** d'un usage courant dans la vie quotidienne du musulman. **V. hamdu lillâh (al-)** et **mulk lillâh (al-).**

ALLÂT – Divinité pré-islamique mentionnée dans le **Coran**, avec al-'Uzza et Manât.

ALLÉGEANCE (serment d') – **V. bay'a.**

ALLÉGORIE – Image revêtue d'un sens caché ou **bâtin** dans l'**exégèse** du **Coran**. **V. ta'wîl.**

ALMOHADES – En arabe **al-muwahhidûn**, « les partisans de l'unicité divine ou **tawhîd** ». – Nom de la **dynastie** berbère qui domina le **Maghreb** et l'Espagne musulmane de 1130 à 1269, après être née d'un **mouvement religieux**. – Son fondateur, le réformateur Ibn Tûmart installé dans le Haut-Atlas depuis 1125, prêchait une doctrine rigoriste au nom d'un sauveur, appelé **mahdi**, qui n'était autre que lui-même.

ALMORAVIDES – En arabe **al-murâbitûn**, « les gens du **ribât** ». – Nom de la **dynastie** berbère qui régna en Occident de 1056 à 1147 et qui était née de réformateurs et combattants du **jihad** contre les Noirs de l'Ouest saharien. – Maîtres de Sijilmassa en 1053, puis du Sous, ils fondèrent la ville de Marrakech, pénétrèrent victorieusement dans l'Espagne musulmane et y étendirent leur empire comme sur le **Maghreb**.

'AMAL – « Pratique judiciaire ». – Mais aussi « **acte humain**, œuvre » dont le sens est exprimé par le pl. **a'mâl**.

A'MÂL – « **Actes humains** » faisant l'objet de « degrés de qualification » ou **hukm** dans le langage juridique, – et qui, pour la plupart des théologiens musulmans, n'ont qu'un rôle secondaire : seule l'adhésion à l'islam compte pour être sauvé, même si certains passages **eschatologiques** du **Coran**, évoquant le « jour du Jugement » ou **yawm al-dîn**, insistent sur la valeur des actes. – En revanche le **mouvement politico-religieux** rigoriste des **kharijites** accorde autant d'importance aux œuvres qu'à la foi. **V. wazn al-a'mâl.**

AMÂN – « Sauvegarde ». – Terme désignant la garantie de vie sauve, dans le « territoire de l'islam » ou **dâr al-islâm**, qu'un détenteur de l'autorité accorde, soit à un rebelle qui s'est soumis, soit à un étranger non musulman désirant y séjourner. – C'est par application de ce principe que des États musulmans d'Orient ou d'Occident conclurent avec des États chrétiens, à partir du XIIe siècle, des traités commerciaux facilitant les échanges. **V. musta'min.**

AMANA – « Avoir confiance » et « croire ». Terme dont la racine a servi à former plusieurs mots du vocabulaire religieux. V. **amân, amâna, amîn, imân** et **mu'min.**

AMÂNA – « Dépôt sacré », que le **Coran** recommande de respecter. – Interprété par certains auteurs comme le devoir de **solidarité** qui s'impose à l'intérieur de la **communauté** musulmane.

AMARA – « Ordonner, commander ». Terme dont la racine a servi à former plusieurs mots du vocabulaire religieux. V. **amr, amîr** et **imâra.**

ÂME – V. **nafs.**

AMÎN – « Digne de confiance ». Qualificatif qui fournit le surnom honorifique d'un **calife abbasside** et qui pouvait s'appliquer à divers responsables de la société musulmane, notamment à l'auxiliaire du **muhtasib** appelé aussi *'arîf*. V. **corporations.**

AMÎR – V. **émir.**

AMÎR al-HAJJ – « Chef de la caravane du **hajj** », nommé au Moyen Âge par le **calife** dont il était le représentant. Il apportait à la **Ka'ba** insignes et dons, selon un usage qui était encore en vigueur sous les Ottomans.

AMÎR al-MU'MINÎN – « Émir des croyants », titre du **calife.** V. **mu'min** et **umm al-mu'minîn.**

AMÎR al-MUSLIMÎN – « Émir des musulmans ». Titre calqué sur celui d'émir des croyants et adopté par les souverains **almoravides** du Maghreb, qui ne voulaient pas rompre avec le **calife abbasside** de **Bagdad** tout en ne lui reconnaissant aucune autorité sur leur propre Empire.

AMÎR al-UMARÂ' – « Émir suprême » (litt. « émir des émirs »). – Titre porté par le chef militaire protecteur du **calife abbasside** aux Xe et XIe siècles.

AMOUR – N'apparaît dans la pensée musulmane que sous l'impulsion des **soufis** qui lui connaissent diverses formes et en recherchent les germes **coraniques.** V. **hubb, 'ishq, mahabba** et **wajd.**

AMPUTATION – Prévue comme sanction du vol ou **sâriqa** en vertu d'une peine légale ou **hadd.** – Encore appliquée dans les pays musulmans où les exigences de la Loi religieuse ou **sharî'a** sont strictement respectées.

AMR – « Ordre, commandement ». Terme souvent mentionné dans le **Coran** et interprété de manières diverses par les théologiens. – Désigne notamment « l'ordre de Dieu » qui fut à l'origine de la **création** et qui explique, selon les **acharites**, l'évolution du monde sans **causalité.** – Désigne aussi « le commandement » exercé sur les hommes, au nom de l'ordre divin, par les **ulû l-amr** ou « détenteurs du pouvoir ».

AMR bi-l-MA'RÛF wa-l- NAHY 'an al-MUNKAR (al-) – « Le commandement du **bien** (ce qui est "recommandé") et l'interdiction du **mal** (ce qui est "répréhensible") ». Formule qui est une des bases de l'éthique **économique** et sociale en islam et qui a justifié la fonction de **hisba.** – Principe de portée générale qui fut adopté par les **mu'tazilites** pour une justification précise, celle de l'intervention du chef de la **communauté** en matière doctrinale : le **calife** mu'tazilite al-Ma'mûn était ainsi en droit de contraindre les **oulémas** à reconnaître le caractère **créé** du **Coran** au cours de la **mihna**.

AMULETTES – V. magie.

ANATHÈME (serment d') – V. li'ân.

ANCÊTRES ou **ANCIENS** – V. salaf.

ANÉANTISSEMENT du MOI – Notion propre au **soufisme**. V. baqâ', fanâ' et haqq.

ANGES – En arabe *malâ'ika*. Êtres spirituels mentionnés à plusieurs reprises par le **Coran**. Serviteurs de Dieu, ils auraient reçu l'ordre de se prosterner devant **Adam**, ce que refusa **Iblîs** appelé aussi **al-Shaytân**. – Parmi eux on connaît surtout **Jibrîl**/Gabriel, messager envoyé à **Muhammad**, Mikâ'îl, porteur du **Trône**, Izrâ'îl, ange de la **mort**, et **Israfîl**, annonciateur du « jour du Jugement » ou **yawm al-dîn**, ainsi que les deux anges Munkar et Nakîr exerçant le « châtiment de la tombe » ou **'adhâb al-qabr**.

ANICONISME – Trait caractéristique des pratiques cultuelles et sociales de l'islam. Marqua son art en se combinant au goût des motifs abstraits, géométriques ou floraux, et à l'omniprésence de l'**écriture arabe**. – Ne repose sur aucun interdit du **Coran**, mais sur la proscription, par la Tradition ou **hadîth**, de la fabrication de toute « image » ou « forme » (en arabe, *sûra*) d'être vivant. – Des représentations d'hommes et animaux n'en apparaissent pas moins dans les œuvres profanes de certaines époques ou de certaines régions musulmanes.

ANIMAUX – V. interdits alimentaires.

ANNONCIATEUR (l') – Qualificatif de **Muhammad**. V. bashîr (al-).

ANSÂR – « Soutiens » ou « Auxiliaires ». Nom donné aux habitants de Yathrib, la future **Médine**, qui se rallièrent à **Muhammad** après l'**hégire** et formèrent une même **communauté** avec les **Muhâjirûn** ou Expatriés.

ANTÉCHRIST – V. Dajjâl (al-).

ANTHROPOMORPHISME – V. tashbîh.

ANTICALIFE – Appellation désignant surtout Ibn al-Zubayr qui se révolta à **Médine** en 683 contre Yazîd, le deuxième **calife omeyyade**.

APOSTASIE – Punie de **mort** pour un musulman qui renie sa religion, d'après un verset du **Coran** complété par un **hadîth**. V. hadd et ridda.

APPEL ou **PROPAGANDE** – V. da'wa.

APPEL à la PRIÈRE – V. adhân.

'AQABA (al-) – Emplacement situé entre **Minâ** et la **Mekke** où eurent lieu, en 621 et 622, les négociations secrètes entre **Muhammad** et les gens de Yathrib qui allaient l'accueillir après l'**hégire** et devenir les **Ansâr**.

'AQD – « Acte juridique » portant soit sur un contrat, soit sur une déclaration unilatérale ou **iqrâr**. – Les contrats doivent suivre des règles précises, établissant notamment une proposition ou **îjâb** suivie d'une acceptation ou **qabûl**.

'**AQÎDA**, pl. '**AQÂ'ID** – « Profession de foi », pouvant faire l'objet d'un texte de plusieurs lignes, voire d'un petit ouvrage portant ce titre. – À distinguer de la brève « confession de foi » ou **shahâda**.

'**AQÎQA** – Sacrifice qu'il est recommandé d'accomplir sept jours après la naissance d'un enfant, au moment où il reçoit un nom ou **ism**.

'**AQL** – Terme qui reçut plusieurs acceptions : – « réflexion », sens attesté dans les versets du **Coran** ; – « moyen de connaissance » s'opposant à la « connaissance par transmission » ou **naql**, chez les théologiens **mutakallimûn**, d'où « raisonnement » ; – « intellect » chez les philosophes grecs et chez les **falâsifa** qui définissent en général un « intellect actif », *al-'aql al-fa''âl*, distinct de Dieu et permettant à chaque intellect humain de s'enrichir d'un « intellect acquis » ; – « intellect » aussi dans les doctrines de divers **mouvements politico-religieux** nés du **chiisme**. V. **nafs** et **rûh**.

'**AQL al-FA''ÂL (al-)** – « Intellect actif ». V. '**aql**.

'**AQLÎ** – « Reposant sur le raisonnement ». V. **'ulûm al-'aqliyya (al-)**.

AQSÂ (al-) – V. **masjid al-Aqsâ (al-)**.

ARABE (écriture) – Ou *khatt*. Joue un grand rôle dans la vie des musulmans, Arabes et non-Arabes. Par cette écriture le Livre qu'est le **Coran** a été conservé pendant des siècles et ses **versets** ont marqué de leur empreinte visuelle tout l'espace social, non seulement sur les monuments religieux, mais aussi sur les objets d'art et ceux de la vie journalière.

ARABE (langue) – Ou *lugha*. Langue utilisée par le **Coran**, qui a conservé dans l'islam un rôle de langue liturgique et de langue de la Loi religieuse ou **sharî'a**.

ARABES – Habitants de la péninsule Arabique auxquels appartenait **Muhammad** et pour qui fut délivré, dans leur langue, le message du **Coran**. – Puis, ensemble des populations arabophones dont l'arabisation, au cours des siècles, suivit l'islamisation. – À l'entour subsistent, en nombre variable selon les régions, des non-arabisés qui portaient au Moyen Âge le nom de **'ajam** et qui constituent actuellement l'immense majorité des musulmans (populations du sous-continent indien et de l'Asie du Sud-Est notamment). – En revanche se maintiennent toujours, parmi les Arabes, des non-musulmans, surtout chrétiens, qui restent les défenseurs d'une culture arabe indépendante de l'islam.

'**ARAD** – « Accident », au sens philosophique. V. **atomisme** et **jawhar**.

A'RÂF – Zone des « crêtes », mentionnée par le **Coran**, qui correspondrait à un espace intermédiaire entre le **paradis** et l'**enfer**.

'**ARAFÂT** – Plaine encaissée située à quelque distance de la **Mekke** et marquée par l'éminence du jabal **al-Rahma** ou mont de la Miséricorde, appelé aussi mont 'Arafât. Les pèlerins du **hajj** s'y rendent pour accomplir le rite de la « station » ou **wuqûf** le 9 de **dhû l-hijja**.

ARBITRAGE d'ADHRUH, ARBITRE – V. **Adhrûh** et **hakam**.

ARBRE (serment de l') – V. **shajâra (bay'at al-)**.

'ÂRIF, pl. **'ÂRIFÛN** – « Connaissant ». Qualificatif appliqué en milieu mystique aux « initiés », plus spécialement aux **soufis** ayant atteint la « connaissance » du monde spirituel ou **ma'rifa**, qui sont aussi appelés *ahl al-ma'rifa* ou « doués de la connaissance ».

ARITHMÉTIQUE – En arabe *'ilm al-'adad* ou *'ilm al-hisâb*, c'est-à-dire « science du calcul ». Développée dans la société musulmane pour résoudre des questions qui découlaient des exigences de la Loi religieuse ou **sharî'a** : problèmes d'**astronomie** liés à l'orientation de la **Prière** ou calcul des « parts réservataires » de l'**héritage** par exemple. V. **jabr**.

ARKÂN al-DÎN – « Piliers de la religion ». Ces piliers sont traditionnellement au nombre de cinq : 1. la confession de foi ou **shahâda**, 2. la Prière rituelle ou **salât**, 3. le Jeûne ou **sawm**, 4. l'Aumône légale ou **zakât**, 5. le Pèlerinage ou **hajj**. À ces obligations individuelles il convient d'ajouter un devoir collectif, celui de la Guerre légale ou **jihâd**.

ARMÉE – V. **jund**.

'ARSH – « Trône » de Dieu, qui apparaît dans l'expression **coranique** : *'alâ l-'arsh istawâ*, « Il s'est fermement installé sur son trône », une des formules que les **traditionalistes** prennent à la lettre. V. **kursi** et **littéralisme**.

'ASABA – « Parents par les hommes » ayant priorité dans les règles de l'**héritage** qu'impose la Loi religieuse ou **sharî'a**. V. **dhawû l-arhâm** et **fard**.

ASBÂB al-NUZÛL – « Circonstances de la **révélation** », qui peuvent expliquer le sens de certains versets du **Coran**.

ASCENSION de MUHAMMAD – V. **mi'râj**.

ASCÈTE – V. **'âbid**, **'ubbâd** et **zâhid**.

ASCÉTISME – En arabe *zuhd*. Inspiré de certaines recommandations du **Coran** et remontant à une date ancienne, il semble avoir ouvert la voie aux pratiques mystiques. – Fut recommandé et adopté en général par les **soufis** à partir du moment où leur mouvement s'est développé. – Rencontra une particulière faveur en Inde, dans des **confréries** imposant souvent des attitudes excentriques.

ASHÂB al-JANNA – Les « hôtes du Jardin » du **paradis** mentionnés dans le **Coran**, c'est-à-dire les **élus**. V. **yawm al-dîn**.

ASHÂB al-MASH'AMA – Les « compagnons de la Gauche » mentionnés dans le **Coran**, c'est-à-dire les **damnés**. V. **yawm al-dîn**.

ASHÂB al-MAYMANA – Les « compagnons de la Droite » mentionnés dans le **Coran**, c'est-à-dire les **élus**. V. **yawm al-dîn**.

ASHÂB al-NÂR – Les « hôtes du Feu » de l'**enfer** mentionnés dans le Coran, c'est-à-dire les **damnés**. V. **yawm al-dîn**.

ASH'ARISME – V. acharisme.

ASHRÂF – V. sharîf.

'ASHÛRA – V. achoura.

'ASKARIYAYN (al-) – Sanctuaire consacré à trois **imams chiites** et vénéré à **Samarra** par les **imamites** duodécimains. V. **'Ali al-Hadi, al-Hasan al-'Askari** et **Muhammad al-Muntazar**.

ASL – « Fondement » : pl. **usûl**.

ASLAMA – « Se soumettre à Dieu ». Forme du verbe **salima**. V. **islâm** et **muslim**.

ASMÂ' al-HUSNÂ (al-) – V. Beaux noms de Dieu (les).

'ASR (salât al-) – « Prière de l'après-midi ». Troisième Prière rituelle quotidienne parmi les cinq obligatoires. Prend place au milieu de l'après-midi. V. **salât**.

ASSASSINS – Nom donné par les Francs, à l'époque des croisades, aux membres du **mouvement chiite ismaélien** des **nizaris**, qui se caractérisait par des meurtres politiques. Le terme français dériverait de l'arabe *hashîshi*, « fumeur de hachisch », sans qu'il soit prouvé que les ismaéliens de Syrie se soient appelés ainsi ni qu'ils aient eu recours au hachisch avant de perpétrer leurs crimes.

ASSOCIATIONNISME – En arabe *shirk*. « Associer à Dieu d'autres divinités », ce qui est contraire au dogme de l'unicité divine ou **tawhîd** et constitue pour les musulmans la **faute** essentielle, reprochée notamment aux chrétiens. V. **ithm, kâfir** et **mushrik**.

ASTRONOMIE et **ASTROLOGIE** – La « science des astres » ou *'ilm al-nujûm*, dont le développement avait été permis par celui de l'**arithmétique**. – L'astronomie était surtout utile pour la détermination de la **qibla** lorsqu'on édifiait une **mosquée**. Elle servait aussi à fixer la fin de chaque **mois** de l'année **hégirienne**, bien que pour leur détermination officielle l'usage voulait qu'on s'en tînt à la vision physique du nouveau **croissant** de lune. – Quant à l'astrologie, on y recourait surtout pour fixer le moment favorable à certaines actions, par exemple le jour où il convenait de fonder une ville nouvelle, comme il est attesté pour **Bagdad** ou **Le Caire**.

'ATÎQ – V. affranchi.

ATOMISME – Explication de l'univers formé d'atomes divisibles, adoptée par les théologiens **acharites** qui refusent de croire à la **causalité** et considèrent que tout événement est dû à la volonté divine ou **irâda**. V. **jawhar al-fard (al-)**.

ATTRIBUTS DIVINS – En arabe *sifât*. – Qualités divines dérivées des qualificatifs que Dieu revêt dans le **Coran**, tels que **rahmân** « clément », **rahîm** « miséricordieux », **qâdir** « puissant », **'alîm** « très savant », **hayy**

« vivant », **khâliq** « créateur », etc., et qui s'ajoutent à quelques autres pour former les **Beaux noms de Dieu** utilisés dans les pratiques des **soufis**. – Tandis que les **mu'tazilites** considèrent que ces qualificatifs sont des aspects de l'essence divine, les **traditionalistes** attribuent à Dieu des qualités telles que la clémence, la puissance, la science, etc., qui seraient éternelles mais distinctes de l'essence divine ; ils distinguent en outre celles que Dieu possède du fait de son essence et celles qu'il possède du fait de ses actes comme la Parole. Ainsi tentés d'attribuer à Dieu des qualités semblables aux qualités humaines, ils furent accusés par les mu'tazilites et les **acharites** de prêcher l'anthropomorphisme ou **tashbîh**. – L'un des principaux sujets de conflit touchait la Parole de Dieu qui, selon les mu'tazilites, ne pouvait être éternelle et devait être considérée comme créée. Il en résulta des discussions sans fin au Moyen Âge sur le **Coran créé** ou **incréé**. Au début du XXe siècle encore, un partisan du réformisme ou **islâh** tel que Muhammad 'Abdûh s'y intéressa en distinguant le texte incréé et les paroles par lesquelles il est récité. V. **bilâ kayf, kalâm Allâh** et **ma'na**.

AUDIENT (l') – Un des qualificatifs de Dieu. V. **samî' (al-)**.

AUDITION (certificat d') – En matière d'enseignement. V. **sama'**.

AUMÔNE – On traduit ainsi, – d'une part, le terme **zakât** désignant une Aumône légale obligatoire ; – d'autre part, le terme **sadaqa** désignant une aumône volontaire facultative.

AUTORITÉ – V. **amr, calife, chiisme, sunnisme** et **ulû l-amr**.

AUXILIAIRES (les) – Parmi les **Compagnons** de Muhammad. V. **Ansâr**.

AVERTISSEUR (l') – Qualificatif de Muhammad. V. **nadhîr (al-)**.

AVEU – Terme juridique. V. **bayyina** et **iqrâr**.

AWLIYÂ' – Pluriel de *walî* au sens **coranique** de « proche, ami » et au sens de **walî Allâh** ou « ami de Dieu », « saint ». – A désigné aussi les partisans du régime **fatimide** en Égypte. V. **walâya**.

ÂYÂT, sing. **ÂYA** – Témoignages de la puissance de Dieu, d'où « signes de Dieu » parmi lesquels le **soleil** et la **lune**. – D'où, encore, « versets » du **Coran** : chaque **sourate** contient un nombre variable de versets qui diffèrent souvent entre eux de style et de sujet.

AYATOLLAH – Ou **âyat Allâh**, « signe de Dieu ». – Titre porté au XXe siècle, chez les **chiites imamites** duodécimains, par l'interprète suprême ou **mujtahid**, représentant visible de l'**imâm** caché.

AYYÛB – Ou Job. Personnage biblique connu du **Coran** qui le mentionne comme **prophète** à diverses reprises.

AZHAR (al-) – « La brillante ». – Appellation de la grande-mosquée ou **jâmi'** du **Caire**, fondée par les **Fatimides**, dont le **cheikh** est actuellement l'une des plus hautes autorités savantes et religieuses du monde **sunnite**.

'AZÎZ (al-) – « Le Puissant ». Un des **Beaux noms de Dieu**.

AZRAKITES – L'une des branches du **kharijisme**, dont les membres professaient qu'on devait « éliminer physiquement » – en arabe **isti'râd** – tous ceux qui ne partageaient pas leurs idées. Établis en Irak, ils furent eux-mêmes éliminés par les autorités **omeyyades** à la fin du VIIe siècle. V. **ibadites, mozabites, najadât** et **soufrites**.

— B —

BÂB – « Porte » ou « portail » d'un bâtiment. – Au sens figuré devint, en milieu **chiite**, un titre variant selon les **mouvements religieux** qui l'adoptèrent. – Ainsi furent désignés par exemple les interprètes de chacun des XII **imâms** des **imamites** duodécimains, qui portèrent ensuite le nom de **mujtahid**. – Le propagandiste chargé, chez les **Fatimides ismaéliens**, de diriger l'enseignement dispensé aux initiés et appelé aussi **dâ'i al-du'ât**, portait le même titre de *bâb* que revendiqua également le fondateur des **nusayris** et qui fut encore adopté, au XIXe siècle en Iran, par le fondateur du **bâbisme**.

BÂBISME – Mouvement politico-religieux d'origine **chiite**, fondé au XIXe siècle en Iran par Sayyid 'Ali Muhammad qui entreprit de combattre les **oulémas chiites** jugés corrompus. V. **béhaïsme**.

BADÂ' – « Versatilité, inconstance ». Appliquée à Dieu par quelques **chiites** lorsqu'ils veulent justifier des inconséquences de leur doctrine.

BADR (bataille de) – Victoire remportée en mars 624 par les musulmans de **Médine**, à la suite d'une embuscade de **Muhammad** contre une riche caravane que défendaient quelques **Mekkois** armés. – Aurait été gagnée par un secours divin mentionné expressément dans le **Coran** : « Certes, Dieu vous a secourus à Badr, alors que vous étiez humiliés. » V. **maghâzi**.

BAGDAD – Ville d'Irak, fondée comme capitale en 762 par le **calife abbasside al-Mansûr**, qui fut pendant trois siècles le centre politico-religieux du monde musulman, y gagnant une image mythique liée à celle de l'âge d'or de l'Empire islamique. V. **al-Kazimayn** et **Madînat al-salâm**.

BAINS MONUMENTAUX – V. **hammam**.

BAKTASHIYA – Ou Bektachis. **Confrérie soufie** tirant son nom de son fondateur Hajji Bektash (m. 1270), qui se répandit surtout au sein de l'Empire ottoman.

BALANCE – V. **mîzân**.

BANÛ – Pluriel du terme **ibn** ou « fils ». Utilisé pour désigner les membres d'un clan ou d'une **tribu** et, de façon plus générale, les « descendants » de quelque ancêtre connu ; d'où les membres des **dynasties**.

BANÛ 'ALI, HÂSHIM, etc. – V. **'Alides, Hachimides, etc.**

BANÛ ISRÂÎL – « Fils d'Israël ». Expression désignant, dans le **Coran**, à la fois les juifs de **Médine** et les Hébreux en général. V. **ahl al-kitâb, dhimmi, Khaybar, monothéisme, tahrîf** et **yahûd**.

BAQÂ' – « Existence en Dieu ». – État spirituel extatique obtenu par certains **soufis** après anéantissement du moi ou **fanâ'**.

BARAKA – « Bénédiction ». Terme désignant une « force bénéfique » d'origine divine, provoquant la félicité et la prospérité. – Très employé dans le langage quotidien, notamment dans les **salutations**, il désigne tout particulièrement la force dont sont pourvus les **saints** qui peuvent en faire profiter qui ils veulent. – Cette force s'exprimerait aussi à travers certains objets ou emplacements, considérés comme sacrés par la piété populaire et devenus à ce titre des **mazârs** ou « buts de visites pieuses ». – Elle serait canalisée encore par l'usage des amulettes et autres talismans. **V. magie** et **mutabarrak**.

BARZAKH – « Intervalle ». Terme utilisé dans le **Coran** avec le sens de « lieu intermédiaire », barrière entre l'**enfer** et le **paradis**.

BASHARA – « Se réjouir d'une bonne nouvelle ». **V. bashîr** et **bushrâ**.

BASHÎR (al-) – « L'annonciateur ». Qualificatif de **Muhammad**. **V. bushrâ**.

BASÎR (al-) – « Le Voyant ». Un des **Beaux noms de Dieu**.

BASMALA – La formule arabe **bismillâh al-rahmân al-rahîm**, « au nom de Dieu, le Clément, le Miséricordieux », qui figure au début de chaque **sourate** du **Coran**. – On la récite avant tout acte important dans la vie quotidienne et elle marque le début de tout écrit, que ce soit un ouvrage littéraire, une proclamation, un acte juridique ou une simple lettre par exemple.

BASSIN – **V. hawd**.

BATAILLES de MUHAMMAD – Une fois à **Médine**, Muhammad fut engagé dans diverses « batailles » ou **maghâzi** contre les **Mekkois**, qui lui permirent de triompher finalement et de retourner en vainqueur dans sa ville natale. Les principaux engagements sont ceux de **Badr**, **Ohod** et du **Khandaq**. – Des combats furent aussi livrés contre d'autres **tribus** de l'Arabie comme à **Honayn** et furent ensuite orientés vers des directions plus lointaines par l'expédition de **Tabuk** qui visait déjà la Syrie et annonçait les grandes **conquêtes**.

BÂTIL – Terme signifiant « nul », du point de vue juridique, ou « vain », du point de vue moral. **V. fâsid**.

BÂTIN – « Sens caché » du **Coran**, dont la recherche anime l'**exégèse** ésotérique menée par des **chiites** et des adeptes du **soufisme**. **V. ta'wîl**.

BÂTINIYA – « Partisans du sens caché ». – Nom donné aux **chiites ismaéliens**, pour qui le **Coran** a un sens extérieur ou **zâhir**, connu de tous, mais aussi un sens caché ou **bâtin** qui justifie en particulier les prétentions des **imâms 'alides** à être dotés des qualités supérieures de la **'isma** et à détenir tout pouvoir.

BAY' – Terme juridique. **V. vente**.

BAY'A – « Serment d'allégeance », dans le régime **sunnite**, prêté par la **communauté** des musulmans, le plus souvent en la personne de ses principaux représentants, au **calife** pour lui conférer la légitimité de ses pouvoirs. – Après avoir été prêté à **Muhammad** lors de la bay'at **al-ridwân** ou « serment de la Satisfaction », dite aussi bay'at **al-shajara** ou « serment de l'Arbre », il a servi, chez les **Omeyyades** et les **Abbassides**, à maintenir le pouvoir au sein d'une même **dynastie**. – On appelle aussi **bay'a** le serment prêté par un novice **soufi** à son maître.

BAYRAM – « Fête » en turc. V. **büyük bayram** et **küçük bayram**.

BAYT al-'ATÎQ (al-) – « La maison antique ». Nom de la **Ka'ba**.

BAYT al-HARAM (al-) – « La maison sacrée ». Nom de la **Ka'ba**.

BAYT al-HIKMA – « Maison de la sagesse ». Nom de l'académie, fondée par le **calife abbasside** al-Ma'mûn à **Bagdad** au début du IXe siècle, où furent traduits en **arabe** les textes des savants et philosophes de l'Antiquité. V. **dâr al-hikma** et **hikma**.

BAYT al-MAQDIS – « Maison de la sainteté ». Nom médiéval de **Jérusalem** qui ne conserva que peu de temps en arabe son nom antique d'Aelia et qui devint plus tard al-Quds.

BAYYINA – « Preuve » au sens juridique. – Le recours à la preuve, selon les règles du droit religieux ou **fiqh**, peut être pratiqué à l'aide de trois moyens : « l'aveu » ou **iqrâr**, qui peut donner lieu à un acte écrit, le « témoignage » ou **shahâda** et le « serment judiciaire » ou **yamîn**. V. **dalîl** et **hujja**.

BAZAR – Terme persan, équivalent de l'arabe **sûq** ou **souk**, qui désigne le **marché** dans les milieux irano-turcs. V. **bedesten**, **corporations**, **hisba** et **qaysariya**.

BEAUX NOMS DE DIEU – En arabe *al-asmâ'al-husnâ*. Qualificatifs que Dieu possède selon le **Coran** qui ajoute : « Priez-le en usant de ces noms. » – Ils sont, d'après la Tradition, au nombre de quatre-vingt-dix-neuf, qui correspondent en partie aux **attributs** de Dieu ou *sifât*. – En répéter la litanie ou **dhikr** a toujours été un exercice des **soufis** qui en font une des bases de leurs séances mystiques ou **majlis**. Il est également recommandé de les réciter en privé à l'aide du chapelet ou **subha**.

BEG – V. **bey**.

BÉHAÏSME – **Mouvement politico-religieux** issu du **chiisme**, fondé en Iran au XIXe siècle par un personnage appelé Bahâ' Allâh ou « splendeur de Dieu », qui était un ancien adepte du **bâbisme**. – Ses membres commirent divers attentats contre le pouvoir et furent accusés d'hétérodoxie tout en se maintenant de façon plus ou moins dissimulée en Iran, en Inde et dans divers pays étrangers.

BEKTACHIS – V. **baktashiya**.

BÉNÉDICTION – V. **baraka** et **malédiction**.

BEY ou **BEG** – Terme turc s'étant peu à peu substitué à l'arabe *amîr* pour désigner un **émir** dans les régions de l'Empire **abbasside** soumises, à partir du XIe siècle, à des militaires turcophones. – Très usité ensuite dans l'Empire ottoman.

BIBLIOTHÈQUES – V. **dâr al-'ilm** et **khizâna**.

BID'A – « Innovation doctrinale ». Terme désignant, dans le droit religieux ou **fiqh**, toute pratique ou doctrine contraire à l'islam primitif. – L'innovation est condamnable et le **calife** est particulièrement chargé de la combattre.

BIEN (le) – Notion exprimée surtout à partir du qualificatif **hasan**, « bon », qui correspond plus précisément au terme **ihsân**, « le fait d'agir bien ». Son accomplissement est résumé dans le verset **coranique** sur la **piété** : pratique du **culte** et actions de bienfaisance envers les musulmans. – Par ailleurs, le terme **ma'rûf** désigne le bien imposé à la **communauté** au nom de la **hisba** et fondé uniquement sur les obligations du droit religieux ou **fiqh**. V. **mal**.

BIENS PROPRES et BIENS de MAIN MORTE – V. **milk** et **waqf**.

BIENSÉANCE – Notion fréquemment invoquée dans la société musulmane et sa vie quotidienne. – Des règles d'usage sont énumérées par les traités de droit religieux ou **fiqh** ainsi que par les recueils de **hadîth**. Elles concernent les **vêtements**, le port des bijoux ou l'échange des **salutations**, par exemple, et ont islamisé l'héritage iranien de l'**adab**. V. **kunya** et **voile**.

BIENVEILLANT (le) – Un des qualificatifs de Dieu. V. **Latîf (al-)**.

BILÂ KAYF – « Sans chercher à comprendre le comment ». – Formule utilisée particulièrement par les théologiens **acharites** pour défendre la doctrine des **attributs** divins. V. **kayf**.

BIOGRAPHIES – Rares dans la littérature arabo-musulmane, en dehors de la **Sîra** de **Muhammad**. Mais il existe beaucoup de dictionnaires biographiques ou **tabaqât**, qui constituent un élément important de la littérature d'érudition.

BISÂT – « Ce qu'on étend par terre » dans les **mosquées**. V. **sajjâda** et **tapis**.

BIRR – Terme coranique. V. **piété**.

BISMILLÂH al-RAHMÂN al-RAHÎM – Parfois simplement **bismillâh**, surtout dans l'usage oral de la vie quotidienne. V. **basmala**.

BOHORAS – Nom local porté par les **chiites** descendant des **ismaéliens musta'liens** qui s'installèrent dans l'Inde.

BON – En parlant d'un **hadîth**. V. **sahîh**.

BRASIER – Appellation **coranique** de l'**enfer**. V. **Sa'îr**.

BRIGANDAGE – En arabe *qat' al-tarîq,* litt. le fait de « couper la route » à un voyageur. – Délit entraînant une peine légale ou **hadd** qui varie selon que le brigand a semé la terreur (peine d'exil) ou pratiqué le vol **(amputation)** ou bien a volé et tué **(peine de mort)**.

BURAQ – Nom de l'animal fantastique qui aurait transporté **Muhammad**, de la **Mekke** à **Jérusalem** ainsi qu'au septième ciel, dans les récits décrivant le « Voyage nocturne » ou **isrâ'** mentionné dans le **Coran**, qui est souvent qualifié d' « Ascension » ou **mi'râj**.

BURDA – Manteau de **Muhammad**, comptant au nombre des reliques aujourd'hui conservées à **Istanbul** après avoir fait partie du trésor des **califes abbassides**. – Nom d'un poème célèbre en l'honneur de Muhammad, dont celui-ci aurait récompensé l'auteur en lui donnant son manteau.

BURHÂN – « Argument ou preuve », qui exprime dans le **Coran** la force de Dieu. De là un sens apparenté à celui de « miracle ».

BURQA' – De l'arabe *burqû'*. – Long et large vêtement recouvrant entièrement le corps d'une **femme** en ne lui laissant que quelques trous devant les yeux. – Son usage, reposant sur une interprétation rigoriste d'injonctions du **Coran**, s'est surtout conservé en Afghanistan. **V. hijâb, tchador** et **voile**.

BUSHRÂ – La « bonne nouvelle ». Désignation, dans le **Coran**, du message délivré par **Muhammad**, lui-même qualifié de **bashîr**. **V. hudâ**.

BUTIN de GUERRE – Terme juridique. **V. ghanîma**.

BÜYÜK BAYRAM – Nom turc de la « grande fête » du **Sacrifice** ; en arabe, **al-'îd al-kabîr**. **V. küçük bayram** et **fêtes**.

— C —

CADI – Ou « juge ». En arabe *qâdi* pl. *qudât*. – Dans les territoires musulmans du **dâr al-islâm**, agent de l'autorité chargé, au titre du droit religieux ou **fiqh**, de la « juridiction civile et criminelle » ou **qadâ'** lui permettant de faire régner, dans la **communauté**, un ordre conforme aux exigences de la Loi religieuse ou **sharî'a**. – Devait au Moyen Âge régler les litiges entre particuliers, appliquer les règles concernant le statut des **personnes** comme celles du **mariage** et de l'**héritage** et infliger les peines légales ou **hadd**, tandis que le préfet de police ou **sâhib al-shurta** exécutait ses décisions. – En cas de doute, il pouvait faire appel à un ou plusieurs juristes ou **faqîh** chargés de lui fournir un avis ou **fatwâ** qu'il mettait ou non en application selon son propre gré. – Il était assisté de « témoins professionnels », le **ou** les **'âdil** pl. **'udûl**. – À partir du VIIIe siècle est apparue la fonction de **cadi suprême**. **V. mahkama**.

CADI SUPRÊME – Ou *qâdi l-qudât* (litt. « cadi des cadis »). Nommé à la fin du VIIIe siècle par le **calife Hârûn al-Rashîd** à la tête de la magistrature. – Lorsque l'Empire **abbasside** fut démembré, un cadi suprême officia dans chaque grande ville et y contrôlait l'activité de **cadis** qui pouvaient appartenir aux diverses **écoles juridiques** reconnues, c'est-à-dire, le cas échéant, à une école différente de la sienne. – À l'époque ottomane, le rôle fut confié au **shaykh al-islam**.

CAIRE (Le) – En arabe *al-Qâhira*, la « Victorieuse ». Ville d'Égypte fondée comme résidence par les **califes fatimides** en 969, qui fut alors la capitale du **chiisme ismaélien** pour plus de deux siècles. – Rendue au **sunnisme** et abritant de multiples **madrasas**, elle est demeurée à ce titre, jusqu'à l'époque actuelle, un des centres culturels principaux de l'islam. **V. Azhar (al-)** et **dâr al-hikma.**

CALAME – En arabe *qalam*. Plume de roseau taillé, qui était l'instrument du copiste et du secrétaire ou **kâtib**. – Mentionné en titre d'une **sourate**, figure dans le **Coran** comme outil de la puissance divine.

CALENDRIER – Réglé sur le mouvement de la **lune**, il commence à la date de l'**hégire**, le 16 juillet 622, et comprend douze **mois** lunaires de 29 ou 30 jours. L'année comporte ainsi 355 jours, donc 10 de moins que l'année solaire. – Actuellement le calendrier hégirien n'est utilisé (excepté en Arabie Saoudite) que pour les dates religieuses. **V. croissant de lune.**

CALIFE – Ou **khalîfa**. « Successeur » de **Muhammad**, puis « chef de la **communauté** » appelé **amîr al-mu'minîn**, c'est-à-dire « émir des croyants », et plus tard **imâm**, maître temporel et spirituel de l'Empire musulman qui se démembre dès le VIIIe siècle avec l'avènement des **Abbassides**. – Au IXe siècle, des califats rivaux de celui de **Bagdad**, califat **omeyyade** de Cordoue et califat **fatimide** du **Caire**, ne réussirent pas à se maintenir. Quant à l'État abbasside, il dura jusqu'en 1260, sans que le calife toujours doté de son prestige religieux eût, depuis le Xe siècle, conservé d'autre pouvoir que de déléguer ses fonctions à des **émirs** ou des **sultans**. – Un descendant réfugié au Caire après l'invasion mongole permit le rétablissement d'un califat n'ayant d'autre objet que de conférer l'investiture aux sultans **mamlouks** qui régnaient sur l'ensemble syro-égyptien. Enfin, les sultans ottomans, après avoir conquis l'Égypte en 1517, supprimèrent cette survivance et se conduisirent comme des califes bien qu'ils n'eussent jamais pris ce titre officiellement. – En 1924, Mustafa Kemal abolit le califat, provoquant les protestations de divers mouvements, mais aucune réaction politique durable n'aboutit. Les États qui se constituèrent au XXe siècle se contentèrent de souverains ou de présidents au pouvoir temporel. En 1925, le Cheikh 'Abd al-Razîq au Caire écrivit un traité, *L'islam et les bases du pouvoir,* qui fondait doctrinalement la séparation du spirituel et du temporel, sans que cet ouvrage fût toutefois accepté de tous.

CAMI – Appellation turque de la grande mosquée ou **jâmi'** en arabe.

CARAVANSÉRAIL – **V. khân** et **ribât.**

CARMATHES – **V. qarmates.**

CAUSALITÉ – Seuls les **mu'tazilites** rationalisants ont conçu l'univers comme régi par un **déterminisme**. Ils suivaient en cela les philosophes de l'Antiquité. **V. atomisme** et **création.**

CAUSE – Au sens théologique. **V. sabab** pl. **asbâb**. Dans le **qiyâs**. **V. 'illa.**

CAVERNE (hommes de la) – Mentionnés par le Coran. **V. ahl al-kahf.**

CHA'BAN – **V. sha'bân.**

CHAFÉISME – École juridique se réclamant d'al-Shâfi'i (m. 820), qui prit place aux côtés du **malikisme** et du **hanafisme** au cours du IXe siècle en s'attachant particulièrement à définir de façon précise le fonctionnement du « raisonnement par analogie » ou **qiyâs**. – Se développa surtout dans l'Orient arabe et en Iran, mais se heurta, à l'époque ottomane, à une influence grandissante du hanafisme.

CHAHÂDA – V. **shahâda**.

CHAÎNE de TRANSMETTEURS – Dans le **hadîth** et le **soufisme**. V. **isnâd** et **silsila**.

CHAMEAU (bataille du) – Conflit mémorable qui eut lieu près de Basra en Irak en décembre 656, après l'assassinat du troisième **calife 'Uthmân**, et qui mit aux prises les premiers musulmans, pour la plupart **Compagnons de Muhammad**. – Les partisans de **'Ali**, d'une part, s'y opposèrent aux partisans de Talha et al-Zubayr soutenus par **'Â'isha**, la veuve de Muhammad, d'autre part. Il se termina par la mort de Talha et d'al-Zubayr, et tire son nom de la présence d'un chameau portant le palanquin où se trouvait 'Â'isha.

CHARIA – V. **sharî'a**.

CHÂTIMENT DIVIN – V. **'adhâb** et **'adhâb al-qabr**.

CHEIKH – Ou *shaykh*. Terme arabe ayant eu plusieurs acceptions : – vieillard respecté en tant que tel, – maître en **sciences** religieuses vénéré pour son âge et sa science, – chef de **confrérie soufie**. V. **pîr** et **shaykh al-islâm**.

CHEMIN ou **VOIE de DIEU** – Expression coranique. V. **sabîl**.

CHÉRIFS – Forme francisée de **sharîf**. Utilisée pour désigner – soit les princes locaux d'origine **hachimide** qui régnèrent à la **Mekke** à partir du Xe siècle et donnèrent naissance à la **dynastie** actuelle de Jordanie, – soit les membres de **dynasties** marocaines **sunnites** se réclamant d'une descendance **'alide** et **hasanide**, tels les Saadiens appelés aussi **Chorfa** et les **Alaouides** qui règnent encore aujourd'hui.

CHIISME – Mouvement **politico-religieux** dont le nom vient de *shî'a 'Ali* ou « parti de **'Ali** » formé lorsque, après la mort de **Muhammad**, 'Ali s'opposa, en 658, à la bataille de **Siffîn**, à Mu'âwiya, le futur **calife** fondateur de la première **dynastie** de l'islam, celle des **Omeyyades**. – Les partisans de 'Ali se rallièrent après sa mort à son fils **al-Husayn** qui fut tué en 680, puis, tantôt aux descendants de ce dernier en deux séries d'**imams** chiites, séparées à partir de la personnalité de **Ja'far al-Sâdiq**, tantôt aux descendants d'**al-Hasan**. Ainsi se formèrent plusieurs branches du chiisme, parmi lesquelles l'**imamisme** duodécimain encore vivant en Iran, l'**ismaélisme** septimain et le **zaydisme**. – Ces mouvements et leurs multiples ramifications fomentèrent des révoltes diverses au cours de l'histoire, dont certaines échouèrent tandis que d'autres permirent la naissance d'États ou de principautés, parfois éphémères, parfois appuyés sur le sentiment national de diverses populations. – La vitalité du chiisme, dont la masse totale d'adeptes est très inférieure à celle du **sunnisme**, est toujours marquée à l'époque actuelle, notamment dans un pays comme l'Iran.

CHO'AÏB – V. **Shu'ayb**.

CHORFA – Forme francisée de *shurafâ'*, un des pluriels de **sharîf**. Désigne une **dynastie** marocaine de souverains qui se présentaient comme des **Hasanides** descendant de **Muhammad** par 'Ali et Fâtima, qui étaient appelés aussi Saadiens ou Sa'dides (XVIe-XVIIe siècles). **V. Chérifs.**

CHRÉTIENS – V. nasârâ.

CIRCONCISION – En arabe *khitân*. Recommandée par la tradition, alors qu'il n'en est pas question dans le **Coran**, et considérée comme une pratique caractéristique des musulmans, elle intervient lorsque l'âge du garçon est d'environ sept ans. Liée à une fête familiale. **V. bienséance.**

CIRCUMAMBULATION – Pratique cultuelle. V. tawâf.

CLÉMENCE DIVINE, le CLÉMENT – V. rahma et Rahmân (al-).

CLIENT, CLIENTS – V. mawâli et mawlâ.

CŒUR – V. qalb.

COIFFURE MUSULMANE – V. 'imâma, lithâm, qalansuwa et voile.

COLLÈGES – V. madrasas.

COMMANDEMENT – V. amara, amîr et amr.

COMMANDITE – V. qirâd.

COMMUNAUTÉ – En arabe *umma* et **jamâ'a**. Instituée à **Médine** comme communauté des « croyants » ou **mu'minûn** par une convention, la **sahîfa**. – Ses membres devaient pratiquer la **solidarité** et soutenir leur chef, **Muhammad**, règle qui s'est maintenue à l'égard des « détenteurs du pouvoir » ou **ulû' al-amr**, au milieu des luttes personnelles et des compétitions entre **mouvements religieux** qui se sont succédé au cours des siècles. – À la communauté revenait de choisir le **calife** par le serment d'allégeance ou **bay'a** et de fournir la base du consensus ou **ijmâ'** admis comme l'un des fondements du droit religieux ou **fiqh**, du moins selon la plupart des juristes ou **faqîh**.

COMPAGNONS de la DROITE et COMPAGNONS de la GAUCHE, COMPAGNONS du FEU et COMPAGNONS du JARDIN – Expressions **coraniques** opposant les **élus** et les **damnés** au jour du Jugement ou **yawm al-dîn**. V. ashâb al-janna, ashâb al-mash'ama, ashâb al-maymana et ashâb al-nâr.

COMPAGNONS de MUHAMMAD – Appelés **Sahâba** et souvent cités comme transmetteurs de traditions ou **hadîths** dont ils garantissaient l'origine au début de chaque « chaîne » ou **isnâd**. Classés en trois catégories : – les anciens combattants de **Badr**, – ceux d'**Ohod**, – et ceux de la guerre du Fossé ou **Khandaq**. V. Ansâr, Muhâjirûn et Tâbi'ûn.

CONCUBINES – La Loi religieuse ou **sharî'a**, qui autorise la polygamie limitée à quatre épouses, autorisait également, à l'époque de l'**esclavage**, les relations sexuelles avec les **femmes**-esclaves ou **jâriya**. V. mariage et umm al-walad.

CONFESSION de FOI – V. shahâda.

CONFIANCE en DIEU – Notion fondamentale du **soufisme**. V. **tawakkul**.

CONFRÉRIES – Ou **tarîqa**. Groupements de **soufis** adoptant des pratiques particulières d'accès à l'**extase** ou « voies spirituelles ». – Se constituèrent dès le XIIIᵉ siècle et entraînèrent la création de couvents ou **khanqâhs** qui furent appelés **tekkes** dans les villes de l'Empire ottoman. V. **Baktashiya, Khalwatiya, Kubrawiya, Mawlawiya, Naqshabandiya, Qâdiriya, Qalandariya, Rifâ'iya, Sanûsiya, Shâdhiliya, Suhrawardiya, Tchichtiya** et **Tijâniya**.

CONNAISSANCE SPIRITUELLE – Dans le langage mystique. V. **ma'rifa**.

« CONQUÊTES » ou « GRANDES CONQUÊTES » (les) – En arabe, *al-futûh*, pl. de *fath*. Expression employée par les auteurs anciens et les historiens pour désigner les « succès » guerriers du VIIᵉ siècle, qui suivirent la mort de **Muhammad** et qui se déroulèrent surtout pendant le règne du **calife 'Umar** (634-644). – Permirent aux musulmans d'occuper les territoires des Empires byzantin et sassanide, qui donnèrent naissance à la « demeure de l'islam » ou **dâr al-islâm**. – Les problèmes administratifs qui se posèrent, concernant le butin ou **ghanîma**, la fiscalité des **dhimmis** ou le statut des **terres** occupées, furent réglés peu à peu et leurs solutions ensuite adaptées lors des conquêtes ultérieures. V. **jizya, kharâj, mawlâ** et **muwallad**.

CONSENSUS – Dans le langage juridique. V. **ijmâ'**.

CONSTANCE – Notion **coranique**. V. **sabr**.

CONSTITUTION de MÉDINE – V. **sahîfa**.

CONSULTATION JURIDIQUE – V. **fatwâ**.

CONTINGENCE du MONDE – V. **hadath al-'âlam**.

CONTRAINTE – Dans le langage juridique. V. **ikrâh** et **jabr**.

CONVERSION, CONVERTIS – La conversion à l'islam est simple. Consiste à réciter la **shahâda** devant des **témoins**. Mais un converti ne peut, sauf cas exceptionnel, revenir à sa religion sans être accusé d'**apostasie** entraînant la **peine de mort** comme peine légale ou **hadd**.

CORAN – Forme francisée du mot arabe *qur'ân*, signifiant « récitation », qui désigne l'ensemble du message transmis par **Muhammad** et recensé par ses **Compagnons**. – Le verbe *qara'a*, « réciter », apparaît plusieurs fois dans le Coran, notamment sous la forme de l'impératif **iqrâ'** dans le verset : « Récite, au nom du Seigneur qui créa. » Il est accompagné à deux reprises du qualificatif **arabe**, insistant sur la langue choisie pour la **révélation**. – Le Coran, qui comprend 114 **sourates** ou chapitres contenant chacun des versets ou **âyât** dont le nombre varie de 3 à 287, a été mis par écrit selon la tradition, après la mort de Muhammad, par son secrétaire **Zayd ibn Thâbit**. Puis, toujours selon la tradition, le **calife Uthmân** aurait fait établir une version officielle en plusieurs exemplaires qui fut communiquée aux grandes villes de Basra, Koufa et **Damas** en dehors de **Médine**. – Les sourates du Coran ont été rangées selon leur longueur, les plus longues étant, à l'exception de la **Fatiha**, les premières. La tradition qui les attribue tantôt à la période **mekkoise**, tantôt à la période médinoise considère chaque sourate comme un tout. Les orientalistes ont entrepris d'établir, en recourant à la critique interne, une chronologie plus précise des fragments différents qu'ils y distinguent. – D'autres divisions du texte, **hizb** et **juz'**, sont intervenues seulement pour des raisons pratiques de récitation. **V. abrogation, i'jâz, muhkam** et **mutashabbih.**

CORAN « CRÉÉ » – En arabe *makhlûq*. Affirmation des **mu'tazilites**, selon une position contraire à celle des **traditionalistes** et de la plupart des théologiens **mutakallimûn**. **V. attributs divins, kalâm Allah** et **lafz.**

CORAN « INCRÉÉ » – En arabe *ghayr makhlûq*. Opinion des théologiens **mutakallimûn** et des **traditionalistes** qui s'opposèrent aux **mu'tazilites** pour l'affirmer et faire figurer la Parole de Dieu ou **kalâm Allâh** parmi les **attributs divins** ou *sifât*.

CORPORATIONS – En arabe *hurfa* pl. *hiraf* et *sinf* pl. *asnâf*. En vertu d'une règle héritée, semble-t-il, de la civilisation byzantine, les corps de métier étaient, dans les villes musulmanes, regroupés par spécialités. – Leur contrôle interne était effectué par un personnage investi d'autorité, l'**amîn** ou le *'arîf*, qui était désigné par le Préfet des marchés ou **muhtasib** à l'époque ancienne et élu par les membres de la corporation aux alentours du XVIe siècle, en Anatolie et en Iran. – On ne peut guère parler de corporations autonomes analogues à celles qu'a connues l'Occident.

COUPOLE du ROCHER – Ou dôme du Rocher. En arabe *qubbat al-sakhra*. – Monument de **Jérusalem**, élevé par le **calife omeyyade** 'Abd al-Malik en 691, au centre de l'esplanade de l'ancien Temple appelée aujourd'hui **Haram**. – Son double déambulatoire de plan octogonal enserre l'espace, couvert d'une coupole, où se trouve un rocher vénéré lié, selon la Tradition, à l'Ascension ou **mi'râj** de **Muhammad** jusqu'au septième ciel, au cours de son Voyage nocturne ou **isrâ'**.

COURS FORCÉ – Pratique du **muhtasib**. **V. tas'îr.**

COUTUME – En arabe *'âda*. **V. droit coutumier.**

COUVENT – Le couvent réunissant autour d'un maître des **soufis** appartenant à la même **confrérie** est généralement appelé **khânqâh**, terme d'origine iranienne qui s'est répandu dans tout l'Orient aux XIe-XIIe siècles, remplacé toutefois en Turquie par le mot **tekke**. – Auparavant le mot arabe **ribât**, qui s'appliqua surtout à un fortin occupé par des combattants de la guerre sainte ou **mujâhid**, avait très tôt désigné une forme d'hôtellerie pour hôtes religieux. – En Occident musulman prévalut le terme **zâwiya** qui, à l'origine, désignait l'endroit où s'était retiré un **ascète** et où ses disciples venaient le consulter.

CRAINTE de DIEU – Notion **coranique**. **V. taqwa.**

CRÉATEUR (le) – Un des qualificatifs de Dieu. **V. Khalîq (al-).**

CRÉATION – En arabe *khalq*. Dieu a créé *ex nihilo* l'univers contingent ou **'âlam** par un « ordre » ou **amr** : création présentée par le **Coran** d'une façon qui rappelle le récit de la Genèse dans la Bible. Furent aussi créés **Adam** et **Hawwa** qui furent chassés du jardin du **paradis** pour avoir désobéi, mais dont la postérité ne subit pas comme dans le christianisme les conséquences d'un « péché originel ». – Création du monde perçue par la plupart des penseurs comme une création continue qui exclut le **libre arbitre** des humains ou, du moins, le limite. **V. acharites, dahriya, déterminisme, émanation, mu'tazilites** et **tawallud**.

CREDO MUSULMANS – Ou professions de foi. **V. 'aqîda.**

CROISSANT de LUNE – Ou *hilâl*. Son observation est requise pour déterminer de manière traditionnelle la fin des **mois** du **calendrier** dit **hégirien** qui suivent les cycles de la **lune**, notamment pour annoncer le début et la fin du jeûne de **ramadân**. – Devenu un emblème symbolique de l'islam, il est reproduit aujourd'hui sur les drapeaux de certains pays musulmans et utilisé dans la dénomination de l'œuvre humanitaire dite du « Croissant rouge » (transposition de l'œuvre de la Croix-Rouge).

CROYANCE – Qualité du croyant ou **mu'min**. **V. îmân.**

CROYANT, CROYANTS – Notion **coranique**. **V. mu'min.**

CULTE MUSULMAN – S'exprime en arabe par les termes ou expressions **'ibâdât** et **arkân al-dîn**.

CULTE SINCÈRE – Expression du **Coran**. **V. ikhlâs.**

— D —

DABT – Dans le langage **mystique**, « maîtrise des passions ».

DAHRIYA – « Matérialisme ». Condamné par les théologiens **mutakallimûn** comme une doctrine niant la **création** de l'univers et affirmant son caractère d'**éternité**. – Peut désigner d'autres courants de pensée chez les déviationnistes. **V. ilhâd.**

DÂ'I, pl. **DU''ÂT** – « Propagandiste » ou « missionnaire », pratiquant la **da'wa**. – Certains jouèrent un rôle important dans la prise du pouvoir par les **Abbassides** ou dans le fonctionnement du régime des **Fatimides** ainsi que, par la suite, dans la propagation de la doctrine **ismaélienne** ou celle du néo-ismaélisme des **nizaris**. **V. dâr al-hikma.**

DÂ'I al-DU''ÂT – « Dâ'i suprême » (litt. « dâ'i des dâ'is). Maître de la propagande chez les **Fatimides** où, appelé **bâb**, il était le principal interprète du **calife**.

DÂ'I MUTLAQ – « Dâ'i absolu ». Titre appliqué par exemple, chez les **chiites ismaéliens mosta'liens** dits **Bohoras**, à leur plus haute autorité.

DÂ'IF – « Faible ». Dans le langage juridique, qualificatif dépréciant une tradition ou **hadîth** fondée sur un trop petit nombre de témoignages. **V. hasan, mashhûr, mutawâtir, qudsi** et **sahîh.**

DAJJÂL (al-) – « Le menteur » ou l'Antéchrist. Personnage qui doit apparaître à la fin du monde et sera vaincu par **Isâ**/Jésus ou par le **Mahdi**.

DAKKA – Estrade située dans la salle de prière d'une grande-mosquée ou **jâmi'**, sur laquelle se tiennent ceux qui s'adonnent à la lecture du **Coran**.

DALÎL, pl. **DALÂ'IL** et **ADILLA** – « Signe, argument, preuve rationnelle ». – On lui adjoint parfois, pour lui donner plus de force démonstratrice, un qualificatif venu de **'aql** comme dans l'expression *al-dalâ'il al-'aqliya* ou les « arguments rationnels ».

DAMÂN – « Garantie », dans le langage du droit religieux ou **fiqh**. – En cas de litige après une **vente**, incombe en général au vendeur, comme il est usuellement précisé dans l'acte juridique ou **'aqd**.

DAMAS – Capitale des **califes omeyyades**. Fut pourvue d'une des plus anciennes grandes-mosquées ou **jâmi'** de caractère monumental, connue sous le nom de mosquée des Omeyyades.

DAMNÉS (les) – Hommes condamnés par Dieu à **l'enfer** au jour du Jugement ou **yawm al-dîn**. – Terme récurrent dans les plus anciens versets du **Coran**. V. **ashâb al-mash'ama** et **ashâb al-nâr**.

DÂR – « Demeure, palais, territoire ».

DÂR al-'ADL – « Palais de **justice** ou **'adl** », construit à **Damas** par Nûr al-dîn au XIIe siècle pour qu'y soient examinées les réclamations, contre les exactions des militaires ou les décisions des administrateurs, auxquelles répondait jadis la juridiction **califienne** des **mazâlim**. – Autre exemple un peu plus tard au **Caire**, dans la résidence des **sultans** qui s'y montraient aussi à l'écoute des plaignants. V. **ruq'a**.

DÂR al-HADÎTH – « Maison de la tradition ». Institution consacrée à l'enseignement de la Tradition ou **hadîth**. – À **Damas** sous Nûr al-dîn, en 1170, apparut le premier de ces établissements où furent formés ensuite les traditionnistes ou **muhaddithûn**. V. **madrasa**.

DÂR al-HARB – « Demeure ou territoire de la guerre », par opposition au « territoire de l'islam » ou **dâr al-islâm**. – Territoire non encore conquis, que les musulmans doivent s'efforcer de réduire à merci par la « guerre » ou *harb* sans aucune possibilité de paix ou **sulh**. Des trêves ou **hudna** peuvent néanmoins être conclues en principe pour dix ans. V. **jihâd**.

DÂR al-HIKMA – « Maison de la sagesse ». Institution, créée au **Caire** par le **calife fatimide** al-Hâkim en 1005, qui était destinée à l'enseignement de la doctrine **ismaélienne** diffusée ensuite par les propagandistes ou **dâ'i**.

DÂR al-'ILM – « Maison de la science », c'est-à-dire « bibliothèque » dans le langage médiéval. V. **khizâna**.

DÂR al-IMÂRA – Dans les premiers siècles de l'islam, « palais, résidence de l'**émir** » qui gouvernait une « province » ou **wilâya**.

DÂR al-ISLÂM – « Demeure ou territoire de l'islam ». – Territoire conquis par les musulmans et soumis aux règles religieuses et sociales de la **sharî'a**. V. **dâr al-harb** et **dâr al-sulh**.

DÂR al-SULH – « Demeure ou territoire de la paix ou **sulh** ». Territoire non musulman mais ayant passé un traité avec **Muhammad** : ce fut temporairement le cas de la ville chrétienne de **Najrân** et de l'oasis juive de **Khaybar** en Arabie, mais non celui des régions qui furent envahies par les musulmans après les **conquêtes** ayant suivi la mort de Muhammad, qui durent se soumettre au statut de **dhimma**. V. **dâr al-harb, dâr al-islâm** et **sulh**.

DARAR – « Dommage, préjudice ». Terme figurant dans les dispositions de tout acte juridique ou **'aqd**, notamment dans le cas de **ventes** où sont protégés les droits de l'une des parties. V. **damân**.

DARB al-HAJJ – « Route suivie par les pèlerins se rendant à la **Mekke** », aux itinéraires partiellement aménagés au Moyen Âge pour traverser les déserts de l'Arabie en partant de Basra et **Bagdad** en Irak, **Damas** en Syrie et **Le Caire** en Égypte.

DARGAH – En Inde, tombeau d'un **saint** qui est le plus souvent quelque **soufi** vénéré ayant assumé, comme **pîr** ou **cheikh**, la direction d'une **confrérie**.

DARÛRA – Dans le langage du droit religieux ou **fiqh**, la « nécessité », c'est-à-dire la situation autorisant à accomplir un acte « interdit » ou **harâm**.

DA'WA – « Appel politico-religieux, propagande, mission ». Dans un sens général, appel à la **conversion** à l'islam. – Dans l'histoire, outil indispensable au développement des **mouvements religieux** révolutionnaires qui aboutirent souvent à l'établissement de nouvelles **dynasties** et de nouveaux régimes. La **da'wa** fatimide reposait sur une organisation hiérarchisée ayant son centre au **Caire**, qui rassemblait un grand nombre de propagandistes ou **dâ'i** disséminés en toutes régions. V. **dâr al-hikma**.

DAWLA – « État, empire, **dynastie** ». Les souverains ont porté, à certaines époques, des titres ou des surnoms formés sur ce terme (tel Sayf al-dawla, « sabre de l'État »), qui étaient décernés en principe par le **calife**.

DÂWÛD – Ou David. Personnage biblique considéré par le **Coran** comme un **prophète** et un roi que Dieu a fait **khalîfa**, « successeur » des souverains plus anciens « sur la terre » ; d'où le nom appliqué aux successeurs de **Muhammad**.

DÉFERLEMENT – Terme technique du **hajj**. V. **ifâda**.

DÉLUGE – V. **Nûh**.

DÉMONS – V. **djinns** et **Iblîs**.

DEOBEND – Ville de l'Inde où fut fondée au XIXe siècle une université islamique dont les professeurs prêchaient la nécessité d'un retour aux origines de l'islam et défendaient les idées d'une école rigoriste opposée aux théories **modernistes** de l'école d'**Aligarh**.

DERNIER JOUR – Ou jour du Jugement. V. **yawm al-dîn**.

DERVICHE – Terme francisé provenant du persan **darwish** ou « pauvre », équivalent de l'arabe **faqîr**, qui fut appliqué notamment aux **soufis** membres de diverses **confréries** d'Anatolie et d'Iran.

DÉSACRALISATION – Exprimée en arabe par le verbe **ahalla**. Après le

Pèlerinage à la **Mekke**, elle comporte divers rites, effectués généralement en deux temps, et met fin aux interdits imposés depuis la **sacralisation**, y compris le port d'un **vêtement** spécial.

DÉTENTEURS de l'ÉCRITURE – Expression **coranique**. V. **ahl al-kitâb**.

DÉTERMINISME – En arabe **tawallud**. Conception de l'univers reposant sur un enchaînement de causes, qui fut définie par les **mu'tazilites** cherchant à rationaliser la notion de **création**. V. **atomisme** et **causalité**.

DÉVIATION, DÉVIATIONNISME – V. **hérésie** et **ilhâd**.

DÉVOILEMENT – Terme du vocabulaire mystique. V. **mukâshafa**.

DEVSHIRME – Institution propre à l'Empire ottoman. Fonctionna jusqu'au début du XVIIIe siècle et permit la levée de jeunes chrétiens enlevés à leurs familles : **convertis** à l'islam et formés à leurs tâches futures, ils devenaient des « **esclaves** » gouvernementaux, parfois **affranchis**, liés à l'armée, notamment comme **Janissaires**, ou à l'administration où ils accédaient aux plus hautes fonctions.

DHABH – « Fait d'égorger » les animaux selon la règle qui permet d'en consommer la viande devenue alors « licite » ou **halâl**. – Il peut s'agir aussi du **sacrifice** auquel on procède au cours du **hajj** à **Minâ** et lors de la « grande fête » du **'îd al-kabîr**. V. **interdits alimentaires** et **nahara**.

DHABÎHA – « Victime » destinée à être immolée à la suite d'un vœu au cours du **hajj** à **Minâ** et lors de la « grande fête » du **'îd al-kabîr**.

DHANB, pl. **DHUNÛB** et **DHUNÛBÂT** – Terme **coranique**. V. **faute**.

DHÂT – Terme philosophique désignant l' « essence ». Opposé, dans la langue des **falâsifa**, à l' « existence » ou **wujûd**.

DHAWQ – « Goût ». Synonyme de « connaissance du monde spirituel » pour les **soufis**. V. **ma'rifa** et **wajd**.

DHAWÛ al-ARHÂM – Dans le vocabulaire du droit religieux ou **fiqh**, « parents par les femmes » exclus, selon l'**école juridique** du **hanbalisme**, du droit aux successions. V. **'asaba**, **dhû**, **fard** et **héritage**.

DHAWÛ al-QURBA – « Proches parents » auxquels un musulman pieux doit « faire le bien », selon un verset du **Coran**. V. **dhû**.

DHIKR – « Remémoration ». D'où « répétition » du nom de Dieu ou de ses **Beaux noms**, « litanie ». – Pratique liturgique adoptée par les **soufis** pour obtenir l'**extase**. Le **dhikr** peut être solitaire ou collectif.

DHIMMA (pacte de) – « Pacte de protection » ayant abouti au statut de **dhimmi**.

DHIMMI – « Tributaire » protégé selon les règles du pacte de **dhimma**, qui comporte en retour diverses interdictions. – Dans ce cadre juridique, les non-musulmans faisant partie des « gens du Livre » ou **ahl al-kitâb** mentionnés par le **Coran**, juifs et chrétiens et même zoroastriens, purent jouir de la liberté de culte à condition de payer le tribut appelé **jizya** et d'accepter un statut d'infériorité. Parmi les interdits figuraient celui de porter les armes, de monter à cheval et d'accéder à certaines fonctions administratives ainsi que de refuser les différences de **vêtement** qui soulignaient la ségrégation. – Les non-musulmans conservaient leur propre juridiction religieuse garantie à l'intérieur de leur communauté, mais ils étaient jugés par le **cadi** dès qu'un litige survenait entre eux et un musulman. – Si une femme non musulmane pouvait épouser un musulman, il n'y avait point réciprocité et une femme musulmane ne pouvait épouser un non-musulman. – L'élaboration inégalitaire de ce statut est attribuée au deuxième **calife**, 'Umar, mais il est possible qu'elle remonte seulement au calife **omeyyade** 'Umar II. Son application fut plus ou moins rigoureuse selon les époques.

DHÛ, pl. **DHAWÛ** – Terme signifiant « possesseur de, doté de » et utilisé dans diverses expressions ainsi que dans quelques noms propres.

DHÛ L-HIJJA ou **DHOU L-HIJJA** – Douzième mois **lunaire** du **calendrier** dit **hégirien**. Généralement qualifié de **haram** ou « sacré » en tant que mois du **hajj**.

DHÛ L-KIFL – Ou Ézéchiel. Personnage biblique mentionné par le **Coran**.

DHÛ L-NÛN – V. **Yûnus.**

DHÛ L-QA'DA ou **DHOU L-QA'DA** – Onzième mois du **calendrier** dit **hégirien**. Généralement qualifié de **haram** ou « sacré ».

DHÛ L-QARNAYN – Le « bi-cornu ». Dans le **Coran** Alexandre le Grand, aussi appelé Iskandar et censé avoir construit une muraille pour empêcher Gog et Magog d'opprimer les **Banû Isrâ'îl.** – Devint, à partir du XIIe siècle, une figure légendaire de héros de l'islam.

DÎME – « Dixième ». Taux de l'impôt foncier payé, comme une forme de la **zakât**, par les propriétaires musulmans d'Arabie ainsi que par les dignitaires et militaires ayant bénéficié de l'octroi de fiefs ou **iqtâ'**.

DÎN – « Religion », selon une acception devenue la plus courante. – Auparavant, employé par le **Coran**, tantôt dans le sens de « jugement » (**v. madîna** et **yawm al-dîn**), tantôt dans le sens de « dette, créance, obligation », parfois dans celui de « religion » que présentent le verset « La religion aux yeux de Dieu est l'islam » ainsi que diverses expressions comme « la religion de vérité » ou *dîn al-haqq* et « la religion immuable » ou *al-dîn al-qayyim*, c'est-à-dire la religion d'**Ibrâhîm**/Abraham. – A servi par ailleurs à former des titres attribués à des princes, puis à des hommes de religion, notamment des juristes ou **faqîh** et des **oulémas**. V. **'ulum al-dînîya (al-).**

DÎN-I ILÂHÎ – Mouvement religieux éclectique créé par l'empereur moghol Akbar qui régna sur l'Inde de 1556 à 1605.

DISPOSITION NATURELLE – Terme philosophique. V. **fitra.**

DISSIMULATION – Terme juridique. V. **taqîya.**

DIVORCE – Parmi les trois possibilités de rupture du **mariage**, dont la première est la **répudiation** unilatérale par le mari, figurent deux sortes de divorce. – D'un côté, la femme peut obtenir de son mari un divorce à l'amiable, à la condition de renoncer à sa dot ou **sadâq** : c'est la procédure appelée **khul'**. D'un autre côté, elle peut obtenir du **cadi**, si elle se plaint de mauvais traitement, un divorce en sa faveur.

DÎWÂN – « Registre ». D'où « service financier », puis services administratifs confiés à l'expérience des secrétaires ou **kâtib** dès les premiers siècles de l'islam. – À l'époque ottomane, « conseil des chefs de service » de l'administration centrale. V. **calife** et **vizir**.

DIYA – Dans le langage juridique, « compensation pécuniaire » qui peut être exigée en cas d'**homicide** pour éviter la peine du talion ou **qisâs**.

DJINNS – Êtres corporels créés, d'après le **Coran**, d'une flamme sans fumée. Ils peuvent accéder au **paradis** ; ils peuvent aussi être condamnés à l'**enfer**.

DOCTEURS de la LOI – V. **faqîh**, **molla** et **ouléma**.

DONATION – Terme juridique. V. **hiba**.

DOT, DOUAIRE – Terme juridique. V. **sadâq**.

DOXOLOGIES – Prières de **louange** à Dieu d'un usage constant, oralement ou par écrit, que représentent, outre la **hamdala**, diverses formules telles que **Allâh akbar** et **al-mulk lillâh**, sans oublier la **basmala** omniprésente dans la vie quotidienne.

DROIT – V. **fiqh**.

DROIT COUTUMIER – En arabe *'âda* et *'urf*. Le droit religieux ou **fiqh** accepte la validité des usages propres à une région dans la mesure où ils ne sont pas contraires au **Coran** et à la **sunna**, c'est-à-dire aux principes de la Loi ou **sharî'a**.

DRUZES – **Mouvement politico-religieux chiite** extrémiste, dérivé de l'**ismaélisme**, qui apparut au début du XIe siècle sous les **Fatimides** et resta implanté jusqu'à l'époque contemporaine au Liban et en Syrie. – Son fondateur al-Darazi élabora une doctrine faisant du **calife** l'incarnation de « l'intellect cosmique » (**al-'aql** *al-kulli*) et remplaça la Loi ou **sharî'a** par une série de commandements spécifiques.

DU'Â' – « Invocation personnelle, prière de demande », qui peut suivre la Prière rituelle solennelle ou **salât**.

DUNYÂ – « Vie ou monde d'ici-bas ». V. **âkhira** et **'ulûm al-dunyâwiya (al-)**.

DUODÉCIMAINS – V. **imamites**.

DYNASTIE, DYNASTIQUE – Termes exprimant une réalité présente dans le monde musulman où le pouvoir de l'État ou **dawla** a été assumé par de nombreuses séries familiales de **califes**, de **gouverneurs**, puis de **sultans** et autres **émirs**. – La transmission du pouvoir au sein des groupes concernés ne dépendait toutefois en rien des règles de l'islam, qui soutiennent la légitimité de l'autorité sans s'intéresser aux conditions de sa dévolution.

— **E** —

ÉCOLE ÉLÉMENTAIRE – V. **kuttâb** pl. **katâtîb.**

ÉCOLES JURIDIQUES – En arabe, **madhhab** pl. **madhâhib**. Appelées parfois « rites » parce qu'elles traitent, entre autres choses, des actes rituels imposés aux musulmans. – Se formèrent dans les premiers temps de l'islam, entre le VIIIe et le IXe siècle, à mesure que des juristes ou **faqîhs** précisaient la méthode à suivre pour définir les **usûl** ou « fondements » du droit religieux ou **fiqh** ainsi que les applications qui en découlent selon les « voies dérivées » ou **furû'**. – Aux quatre écoles **sunnites** reconnues au Xe siècle, après la disparition d'une école ancienne telle que le **zahirisme**, s'ajoutait une école **chiite** tenant compte des décisions prises par l'**imâm Ja'far al-Sâdiq**. V. **chaféisme, hanafisme, hanbalisme, malikisme** et **rites.**

ÉCOLES THÉOLOGIQUES – V. **acharisme, hanbalisme** et **kalâm.**

ÉCRITURE ARABE – En arabe *khatt*. V. **arabe (écriture).**

ÉCONOMIQUE (éthique) – Découle en islam de prescriptions du **Coran** qui ont pour but d'éviter un enrichissement excessif et de protéger les pauvres ou **masâkîn** : – interdiction du prêt à intérêt ou **ribâ** dans toutes les transactions ; – précautions concernant les actes de **vente** ; – obligation pour les commerçants, contrôlés par le **muhtasib**, d'éviter toute **fraude** ; – condamnation de l' « accaparement » ou **ihtikâr** ; – obligation pour le pouvoir de ne pas imposer de cours forcé ou **tas'îr**, sauf en cas de nécessité, mais de respecter le prix établi dans chaque ville pour une marchandise déterminée, selon la loi dite du **marché.**

ÉLUS (les) – Hommes admis par Dieu au **paradis** au jour du Jugement ou **yawm al-dîn**. – Thème récurrent dans les plus anciens versets du **Coran**. V. **abrâr, ashâb al-janna, ashâb al-maymana, munjiyât, muqarrabûn** et **sâbiqûn.**

ÉMIGRATION de MUHAMMAD – V. **hégire.**

ÉMIR – En arabe *amîr*, « celui qui commande ». Équivalent turc : **beg** ou *bey*. Terme ayant désigné – en premier lieu le chef de la communauté ou **calife**, appelé « émir des croyants » ou **amîr al-mu'minîn** ; – ensuite les chefs militaires et les gouverneurs de provinces, parmi lesquels l' « émir suprême » ou **amîr al-umarâ'**, – puis des responsables variés tels que le chef de la caravane du **hajj** ou **amîr al-hajj**. V. **amara, amr** et **ulû l-amr.**

ENFER – Destiné aux **damnés** et présenté dans les menaces **eschatologiques** du **Coran** sous divers noms liés au feu ou **nâr**. V. **jahannam, sa'îr** et **saqar.**

ENVOYÉ – En arabe *rasûl*, pl. *rusul*. – Qualificatif des **prophètes** envoyés par Dieu pour délivrer un message. Le dernier est **Muhammad**, appelé *rasûl Allâh* ou « envoyé de Dieu » dans la formule de la **shahâda**. V. **nabi.**

ESCHATOLOGIE – Anime les dernières **sourates** du **Coran**, les plus courtes qui sont aussi les plus anciennes et qui annoncent en termes apocalyptiques la prochaine fin du temps, la **résurrection** des morts et le jour du Jugement ou **yawm al-dîn**. – Thèmes repris de façon encore plus détaillée par les théologiens **mutakallimûn**, les mystiques ou **soufis** et les auteurs de récits populaires.

ESCLAVE ou SERVITEUR de DIEU – V. **'abd Allâh.**

ESCLAVES – L'esclavage est admis par le **Coran** qui recommande de bien traiter l'esclave ou **'abd** et, si possible, de le faire accéder au statut d'**affranchi**, tandis que les **femmes**-esclaves ou **jârya** peuvent, selon la loi religieuse ou **sharî'a**, devenir **concubines** à côté des quatre épouses autorisées. – Les esclaves ont joué un rôle considérable dans la société musulmane car leur nombre, loin de diminuer grâce à l'affranchissement, a augmenté au cours des siècles, surtout pour les esclaves-militaires que l'on désignait de façon générale par le terme **mamlûk** et qui jouaient un rôle indispensable dans l'armée. – Le corps des **ghulâm** tenait ainsi une place importante dans l'entourage du **calife abbasside** et de ses **gouverneurs** provinciaux. Leur recrutement ajoutait, aux prisonniers de guerre faits au cours des combats aux frontières, des mercenaires achetés à partir du IXᵉ siècle en Asie centrale ou en Europe et plus tard dans le Caucase. – Des esclaves-militaires constituèrent, en Inde comme dans la péninsule Ibérique ou en Égypte par exemple, le vivier de **dynasties** puissantes, telles celles des Rois-esclaves de Delhi et des **Mamlouks** du **Caire**. V. **devshirme**, **esclavons** et **Janissaires**.

ESCLAVONS – En arabe *saqâliba*. **Esclaves**-militaires originaires d'Europe centrale, recrutés par les États musulmans de la péninsule Ibérique au Moyen Âge.

ÉSOTÉRISME – Notamment dans l'**exégèse**. V. **bâtin**.

ESPRIT – V. **rûh**.

ESSENCE – Terme philosophique. V. **dhât**.

ÉTANG (fête de l') – Fête chiite. V. **Ghadîr Khumm**.

ÉTATS SPIRITUELS – Étapes parcourues par les **soufis** au cours de leur recherche de l'**extase**. V. **hâl**, **manzil** et **maqâma**.

ÉTENDARDS – En arabe *'alam* pl. *a'lâm, raya* pl. *rayât, liwâ'* pl. *alwiya* et *alwiyât*. Utilisés dans l'armée, ils apparaissent aussi dans la vie cultuelle musulmane comme symboles d'autorité ou de prestige, leur usage étant signalé dès l'époque de **Muhammad**. – Accompagnaient les entrées solennelles d'**imâms** ou autres dignitaires religieux, encadraient les **minbars** et étaient fixés au sommet du jabal **al-rahma** à **'Arafât** lors de la station ou **wuqûf** des pèlerins pendant le **hajj**. – Présents aussi dans les **fêtes** des **confréries** ou les célébrations auprès des tombeaux des **saints**, décorèrent en toutes régions, parfois en permanence, certains sanctuaires visités ou **mazars**.

ÉTERNITÉ du MONDE – Affirmée par les **falâsifa** qui refusaient de croire à la **création** du monde *ex nihilo*. V. **hadath al-'âlam**.

EUNUQUES – En arabe *khasi*, à côté d'autres termes moins spécifiques. – L'emploi d'eunuques dans l'entourage des souverains, dans l'armée et dans la famille était courant à l'époque médiévale. – Aurait été encouragé par une allusion du **Coran** dans un verset autorisant les femmes à se montrer à des serviteurs « que n'habite pas le désir », ce qui semblerait également attester la présence de serviteurs eunuques au temps de **Muhammad**.

EVKAF – Terme turc correspondant à l'arabe *awqâf*, pl. de **waqf**.

EXAMEN de CONSCIENCE – Dans le langage des **soufis**. V. **muhâsaba**.

EXÉGÈSE CORANIQUE – En arabe, **tafsîr**, lorsqu'elle adopte une interprétation **littérale** et recherche avant tout le sens obvie des mots et des formules. – Mais les **soufis** et les adeptes de certains **mouvements religieux** surtout **chiites**, tels les **ismaéliens** ou **bâtiniya**, se fondent sur une interprétation ésotérique du « sens caché » ou **bâtin** : cette exégèse s'appelle alors **ta'wîl**.

EXISTENCE – Terme philosophique. V. **wujûd**.

EXISTENCE en DIEU – Dans le langage des **soufis**. V. **baqâ'**.

EXPATRIATION de MUHAMMAD, EXPATRIÉS (les) – V. **hégire** et **Muhâjirûn**.

EXPÉDIENT JURIDIQUE – V. **hîla**.

EXPIATION – Terme juridique. V. **kaffâra**.

EXTASE – But de la recherche des **soufis**, qui définit leur mode d'existence. – Identifiée par eux avec une union mystique dont certaines formes sont condamnées par les **oulémas**. – Les **étapes successives** varient selon les maîtres et les **confréries**. V. **baqâ'**, **ittihâd**, **ittisâl**, **jam'** et **wajd**.

EXTRÉMISTES – Parmi les **chiites**. V. **ghulât**.

— F —

FAIBLE – Dans le langage du **hadîth**. V. **dâ'if**.

FALÂSIFA – Pluriel de *faylasûf*, transcription arabe du grec *philosophos*, que l'on peut traduire par « philosophe musulman ». – S'inspirèrent de la philosophie néo-platonicienne pour exposer la doctrine islamique en y introduisant, par exemple, une idée aussi contraire que l'**éternité du monde**. – Critiqués donc, sinon condamnés par les théologiens **mutakallimûn** ainsi que par les juristes ou **fâqihs**.

FALSAFA – Nom arabe de la « philosophie ». Pratiquée par des personnages appelés **falâsifa**, développée lorsque les ouvrages philosophiques grecs, surtout néo-platoniciens, furent traduits en arabe, notamment dans la « maison de la sagesse » ou **bayt al-hikma** d'al-Ma'mûn à **Bagdad**, et soutenue par les membres des **mouvements religieux** nés du **chiisme**. – Ailleurs on lui reprocha de ne pouvoir trouver un accord entre les conceptions grecques et des éléments de la doctrine musulmane tels que la **création** divine du monde *ex nihilo*, l'immortalité de l' « âme » ou **nafs** et la **résurrection** des corps.

FAMILLE de 'IMRÂN – V. **âl 'Imrân**.

FAMILLE de MUHAMMAD – V. **âl Muhammad**.

FANÂ' – « Anéantissement du moi ». **État spirituel** préparant le **soufi** à l'**extase**.

FAQÎH, pl. **FUQAHÂ'** – « Juriste ». Spécialiste du droit religieux ou **fiqh** qui a été élaboré au cours des premiers temps de l'islam par les **écoles juridiques**. – Jouit de prestige dans la vie sociale, mais n'est rémunéré que s'il occupe un poste de **cadi** ou s'il dispense un enseignement dans des **madrasas** apparues à partir du XIe siècle comme institutions douées de possibilités financières. **V. molla, mufti, mujtahid** et **ouléma**.

FAQÎR, pl. **FUQARÂ'** – « Pauvre ». En persan, *darwish*. Terme désignant un **soufi**, parfois ascète ou **zâhid**, ayant renoncé aux biens de ce monde et vivant surtout de l'aumône volontaire ou **sadaqa** des autres musulmans. **V. derviche** et **pauvreté**.

FARÂ'ID, FARÂ'ID (**'ilm al-**) – Termes juridiques. V. **fard**.

FARD, FARÎDA, pl. **FARÂ'ID** – Terme aux deux sens différents de « prescription » et de « part d'**héritage** ». – Les prescriptions juridico-religieuses liées au **culte**, parmi lesquelles on distingue celles qui relèvent du « devoir individuel » ou *fard 'ayn* et celles que l'on qualifie de « devoir collectif » ou *fard kifâya*, sont explicitement mentionnées dans les textes du **Coran** et de la **sunna**. – La « part d'héritage » est déterminée par les règles de succession que précise, à partir des données du **Coran**, la « science des successions » ou *'ilm al-farâ'id* faisant partie du droit religieux ou **fiqh**.

FASÂD – « Désordre, immoralité, corruption » dont la **communauté** des musulmans doit se défendre.

FÂSID – Terme juridique signifiant « altéré, irrégulier ». D'où « nul ».

FÂSIQ – « Criminel, pécheur », c'est-à-dire coupable d'une **faute** grave autre que l'**hérésie**. Mis hors la loi par les **kharijites**, il est seulement soumis à une peine corporelle légale ou **hadd** par les autres musulmans.

FATÂ, pl. **FITYÂN** – « Jeune homme », souvent réputé pour sa bravoure. – Terme qui fut appliqué aux **esclavons** de l'Espagne musulmane comme une appellation équivalant à **ghulâm** en Orient. – On désigna ensuite ainsi les membres des associations qui portèrent le nom de **futuwwa** et qui connurent à partir du XIIe siècle une réelle faveur.

FATÂWÂ – Pluriel de **fatwâ**. Utilisé pour désigner les « recueils » qui conservaient les textes de ces consultations, contribuant ainsi à la jurisprudence du droit religieux ou **fiqh**.

FATH, pl. **FUTÛH** – « Succès, victoire ». Terme appliqué dans le **Coran** aux succès que Dieu ménagea aux musulmans par ses interventions et son soutien. Désigne notamment : – la prise de la **Mekke**, qui consacrait le définitif triomphe de **Muhammad** sur ses ennemis, et ensuite,

– les grandes « **conquêtes** » qui permirent d'établir un Empire musulman **califien** et qui furent relatées par les chroniqueurs arabes dans divers ouvrages portant le nom de *Kitâb al-Futûh*.

FÂTIHA – **Sourate** « liminaire » du **Coran**, assimilée à une courte prière.
– Récitée obligatoirement plusieurs fois au cours de la Prière rituelle ou **salât**, mais aussi en diverses occasions religieuses.

FÂTIMA – Fille de **Muhammad**, généralement appelée **al-zahrâ'**, « la resplendissante ». Épouse de son cousin **'Ali**, mère d'**al-Hasan** et **al-Husayn**, elle mourut six mois après son père dont elle avait réclamé vainement d'hériter. Certains de ses descendants **'alides** furent des **imâms** ou des chefs politiques **chiites**.

FATIMIDES – **Dynastie** de **califes chiites** qui prirent le pouvoir en 909 en Ifriqiya, l'actuelle Tunisie, puis s'établirent en Égypte où ils régnèrent jusqu'en 1171. – Appartenant au **mouvement religieux** des **ismaéliens**, ils déclaraient descendre de **Fâtima**, fille de **Muhammad** ; d'où leur nom. Ils donnèrent eux-mêmes naissance à divers mouvements politico-religieux. V. le **Caire, da'i, da'wa, Druzes, mosta'liens** et **nizaris**.

FATWÂ, pl. **FATÂWÂ** – « Consultation juridique » rendue par un juriste ou **faqîh** qualifié lui-même de **mufti**. – N'a, à l'époque médiévale, aucun pouvoir exécutoire : si deux **muftis** consultés par un **cadi** sur un problème d'application de la Loi religieuse ou **sharî'a** rendent des avis opposés, le cadi choisit la solution qui lui paraît la meilleure. Certains avis dispensés font cependant jurisprudence. – En Iran, de nos jours, des fatwâs à valeur exécutoire peuvent être rendues par l'**ayatollah** suprême. V. **fatâwâ**.

FAUTE – En arabe, dans un sens général attesté par le **Coran**, *dhanb* pl. *dhunûb* et *dhunûbât*. – S'y ajoute la notion mal définie de « faute grave » ou **kabîra** ; mais la seule faute que rien n'efface, désignée spécialement par le terme **ithm**, est le refus de croire en l' « unicité de Dieu » ou **tawhîd**, c'est-à-dire l'**associationnisme**. – Les autres fautes, d'ordre surtout cultuel, peuvent être pardonnées par Dieu après un « repentir » ou **tawba**, y compris les plus graves dont fait notamment partie la « révolte » ou **ma'siya** et qui sont énumérées dans le **Coran** et le **hadîth**. Des listes variant selon les auteurs en ont été dressées anciennement. V. **istighfâr** et **muhlikât**.

FAYLASÛF, pl. **FALÂSIFA** – « Philosophe musulman ». V. **falâsifa** et **falsafa**.

FEDAYINE – Terme francisé. V. **fidâ'i**.

FEMMES – En arabe, *nisâ'*. Le droit religieux ou **fiqh** considère, en plusieurs domaines, que la femme n'est pas l'égale de l'homme. – Non seulement le **mariage** la soumet à l'autorité d'un mari qui peut pratiquer la polygamie et user unilatéralement de la possibilité de **répudiation** ; mais juridiquement le **témoignage** d'une femme ne vaut que la moitié de celui d'un homme et, selon les prescriptions du **Coran** touchant l'**héritage**, la fille ne reçoit que la moitié de la part qui revient à son frère. – Les règles de **bienséance** empêchent en outre une femme de se montrer sans

voile à un homme qui n'est ni son mari ni un membre de sa famille. V. **harem.**

FÊTES – Comprennent : – d'une part, des célébrations obligatoires, telles la « grande fête », **al-'îd al-kabîr**, et la « petite fête », **al-'îd al-saghîr**, à des dates fixes du **calendrier hégirien** ; – d'autre part, des célébrations surérogatoires et des pratiques populaires, liées souvent aux manifestations du culte des **saints** et aux rassemblements autour des **confréries** du **soufisme**. – Deux fêtes sont en outre propres au **chiisme** : le deuil d'**al-Husayn** pour l'**achoura** et la célébration du **Ghadîr Khumm**. V. **isrâ', mawlid, mawsim, laylat al-bara'** et **laylat al-qadar.**

FEU, FOURNAISE – V. **enfer.**

FIDÂ'I, pl. **FIDÂ** – Terme arabe, qui a donné la forme francisée **fedayine**, signifiant « celui qui se sacrifie » pour une cause. On l'a employé pour désigner divers terroristes au Proche-Orient, depuis les adeptes de la secte des **nizaris** au Moyen Âge jusqu'aux groupes qui s'agitèrent en Iran entre 1943 et 1955, en Égypte vers 1950-1951, puis en Algérie et en Palestine.

FIQH – Litt. « connaissance de la Loi religieuse ou **sharî'a** ». Le terme s'applique plus particulièrement à la « réflexion », sur les textes du **Coran** et de la Tradition ou **hadîth**, qui a permis d'élaborer cette Loi, et il désigne le « droit civil, pénal et religieux » qui en a découlé. – Ceux qui ont participé à cette élaboration, au sein des **écoles juridiques**, sont les juristes ou **faqîh** ayant mis en œuvre divers procédés techniques tels que le « raisonnement analogique » ou **qiyâs** et le « consensus » ou **ijmâ'** par exemple. – Les traités de droit comprennent deux grandes parties concernant : – les actes rituels ou **'ibâdât** et – les règles sociales ou **mu'âmalât**. V. **droit coutumier, furû', qanûn** et **usûl.**

FIRDAWS – Un des noms du **paradis**, venant de la transcription arabe du grec *paradeïsos* dont il a conservé le sens. V. **janna.**

FIRQA, pl. **FIRAQ** – Terme désignant les **mouvements politico-religieux** dont les membres sont condamnés, tantôt comme coupables d'**hérésie** ou **ilhâd**, tantôt comme infidèles ou **kâfir**, par les auteurs **sunnites** qui se sont intéressés à les décrire dans des ouvrages spécialisés, les *Kitâb al-Firaq*. – La liste de ces mouvements varie selon les auteurs et peut s'étendre des **mu'tazilites** aux sectes **chiites** les plus déviantes en passant par les **imamites**. On y distingue souvent : – les sectes « schismatiques » qui continuent d'appartenir à la **communauté** musulmane, à savoir certains chiites, **kharijites** et mu'tazilites, et – les sectes qui n'en font plus partie, soit les chiites extrémistes ou **ghulât** et les **ismaéliens**. – Autant de mouvements qui ne manquèrent pas de se critiquer et de s'exclure mutuellement à la suite de dissidences, tandis qu'à côté d'eux se maintenait la grande masse des musulmans dont le nombre était garant de l'**orthodoxie**, à savoir les **sunnites** ou **ahl al-sunna wa-l-jamâ'a.**

FITNA, pl. **FITAN** – « Désordre, discorde, anarchie » considérés comme le pire mal que puisse éprouver la **communauté** musulmane. – La « grande fitna » est celle qui se produisit après l'assassinat du **calife 'Uthmân** en 656.

FITR – Rupture du Jeûne ou **sawm**. D'où **'îd al-fitr** pour la « petite **fête** ».

FITRA – Dans le langage philosophique et religieux, « disposition naturelle » à l'islam. Ainsi, d'après un **hadîth**, « chaque enfant naît suivant la *fitra* », c'est-à-dire le plan de Dieu, et seulement ensuite, selon les théologiens, ses parents en font un juif, un chrétien ou un mazdéen, ce qui signifierait que chaque enfant naît musulman.

FIXATION des COURS – Pratique du **muhtasib**. V. **tas'îr**.

FONDATIONS PIEUSES – Les plus pratiquées des œuvres de **piété**, sous forme d'édifices religieux, charitables ou d'utilité publique dus à des générosités privées. – Leur fondation et leur entretien étaient assurés par des « biens inaliénables » ou **waqfs** (*habous* en Occident) que des dignitaires ou de riches personnages avaient affectés à cet usage. – Nombreuses dans les villes médiévales dont elles modelaient l'aspect, on y comptait des **mosquées**, **madrasas**, **mausolées**, **hammâms**, hôpitaux ou **maristâns** et **fontaines publiques** ou **sabîl**.

FONTAINES PUBLIQUES – En arabe, **sabîl**. Représentées par des exemples nombreux, tantôt isolés et tantôt intégrés à des complexes architecturaux comportant **madrasas**, **kuttâbs**, etc., élevés comme **fondations pieuses** et dotés financièrement grâce au système des « biens de main morte » ou **waqfs**.

FORNICATION – Punie par une « peine légale » ou **hadd**. V. **zinâ**.

FORT (le) – Un des qualificatifs de Dieu. V. **Jabbâr (al-)**.

FOSSÉ (guerre ou bataille du) – V. **Khandaq (bataille du)**.

FRAUDE – Condamnée par un verset **coranique** critiquant ceux qui ne font pas pleine mesure et n'iront pas au **paradis**. – Sur cette sévérité envers les fraudeurs ou *mutaffifûn* repose en partie la définition de la fonction de **hisba**. V. **économique (éthique)**.

FRÈRES – V. **akhû** et **ikhwân**.

FRÈRES (les), FRÈRES MUSULMANS, FRÈRES SINCÈRES – V. **ikhwân (al-)**, **ikhwân al-muslimûn (al-)** et **ikhwân al-Safâ**.

FUQAHÂ' – Pl. de **faqîh** ou « juristes ».

FUQARÂ' – Pl. de **faqîr** ou « pauvres, **soufis** ».

FURQÂN – Terme d'origine araméenne qui apparaît dans le **Coran**, notamment comme titre d'une **sourate**, et dont le sens exact reste imprécis : « délivrance », d'où « salvation », c'est-à-dire « la révélation », le Coran ou bien « ce qui distingue les musulmans des incroyants ».

FURÛ' – Dans le langage juridique, « branches », « applications » ou bien « sciences dérivées du droit religieux » ou **fiqh**, par opposition aux **usûl** qui sont les « fondements » de ce droit.

FUTÛH – « Les **conquêtes** ». V. **fath**.

FUTUWWA – Terme dérivé de **fatâ** au sens de « jeune homme » pour exprimer les « qualités de la jeunesse » et, de là, l' « esprit de chevalerie ». – Le nom en fut ensuite donné à des associations, formées dans les milieux urbains de l'Orient islamique entre le Xe et le XIIIe siècle, qui réunissaient des jeunes, tantôt se livrant au pillage, tantôt faisant régner l'ordre à la place du pouvoir défaillant. Certaines étaient liées à des mouvements de **soufis** et furent soutenues par le **calife abbasside** al-Nâsir qui, vers 1200, entreprit de revivifier l'islam par l'unification de diverses tendances en même temps qu'il essayait de rendre sa dignité à sa propre fonction. **V. akhis.**

— G —

GARANTIE – Au sens juridique, **V. damân**. Garantie de sauvegarde, **V. amân.**

GÉHENNE – **V. Jahannam.**

GENS de la BANQUETTE, de la MAISON, du LIVRE, du MANTEAU, du PORTIQUE – **V. ahl al-bayt, ahl al-kisâ', ahl al-kitâb** et **ahl al-suffa.**

GHADÎR KHUMM – Étang proche de Médine où **Muhammad** aurait prononcé les paroles faisant de son gendre et cousin **'Ali** son successeur : « Celui dont je suis le maître, 'Ali en est le maître. » – L'anniversaire de cet événement est célébré le 18 **dhû l-hijja** par les **chiites** et fait l'objet d'une **fête** joyeuse, à la différence de la commémoration du deuil d'**al-Husayn** qui marque la fête chiite de l'**achoura**.

GHAFFÂR (al-), GHAFÎR (al-) – « L'Indulgent ». Un des **Beaux noms de Dieu.**

GHANÎMA – Butin pris au cours des **batailles** et **conquêtes**. Le cinquième ou **quint** devait revenir, selon le **Coran**, à **Muhammad** et le reste aux combattants musulmans. **V. terres (statut des).**

GHARÎB – « Exilé, expatrié ». Terme technique employé par certains **soufis** pour désigner celui qui est parvenu à l'expatriement de soi-même par un recours à la grâce divine. – Appliqué aussi aux Expatriés ou **Muhâjirûn** parmi les **Compagnons** de **Muhammad**.

GHAWTH – « Secours », plus particulièrement venu de Dieu. – Dans la hiérarchie des **saints**, titre attribué aux plus grands. **V. abdâl, abrâr** et **qutb.**

GHAYB – « Mystère de la **transcendance** divine », seul mystère existant dans la doctrine de l'islam.

GHAYBA – « Occultation ». Situation où se trouve le XIIe **imâm** des **imamites** après sa disparition à Samarra, en Irak, en 874. – En période d'occultation, la Loi religieuse ou **sharî'a** est interprétée par les **mujtahids.**

GHAYR MAKHLÛQ – **V. Coran** « incréé » et **kalâm Allâh.**

GHÂZI – « Celui qui participe à une razzia », c'est-à-dire une expédition guerrière temporaire. – Sens plus précis : « celui qui participe à un raid contre les infidèles » ou **kâfirs** ; désigne alors spécialement les combattants du **jihâd**, surtout à partir du XIIIe siècle, dans les régions où les Turcs s'enrôlaient sous cette appellation pour lutter contre les chrétiens de Byzance et des Balkans. – *Ghâzi*, qui est aussi un **nom de personne**, devint un titre honorifique, que s'attribuèrent des souverains du Moyen Âge. Sa fortune a continué jusqu'à l'époque moderne où il fut porté par exemple par le fondateur de la Turquie moderne, Atatürk « le Gazi ».

GHULÂM, pl. **GHILMÂN** – **Esclaves**-militaires employés au Moyen Âge dans divers États de l'Orient pour former des gardes de souverains. On les appelait aussi **mamlûks**, terme qui vint à prévaloir à partir du XIIIe siècle, et **esclavons** dans l'Occident musulman. V. **fatâ**.

GHULÂT – « Extrémistes ». Se dit de certains **chiites**, adeptes de **mouvements politico-religieux** déviants, qui vont jusqu'à diviniser l'**imâm** qu'ils reconnaissent. V. **firqa** et **nusayris**.

GHUSL – Dans le langage juridique, « grande **ablution** ».

GOUVERNEUR – En arabe *wâli*. – Représentants du **calife** ou d'un souverain, qui ont reçu la charge de défendre et administrer une province du **dâr al-islâm**. – Dotés de pouvoirs limités sous les premiers **califes abbassides** qui ne leur confiaient ni la **justice** ni le contrôle des finances, ils virent ensuite leur autorité varier selon les régimes et atteignirent parfois à la souveraineté en fondant leurs **dynasties**.

GRAMMAIRE – Science pratiquée dès les débuts de l'islam pour permettre de mieux comprendre le sens des **versets** du **Coran** et en assurer l'**exégèse**.

GRANDE-MOSQUÉE – V. **jâmi'**.

GUERRE, GUERRE LÉGALE – V. **batailles**, **conquêtes**, **dâr al-harb**, **jihâd** et **maghâzi**.

— H —

HÂBIL – Ou Abel. Personnage biblique mentionné par le **Coran**.

HABOUS – « Bien de main morte ». V. **waqf**.

HACHIMIDES – Descendants de Hâchim, arrière grand-père de **Muhammad** et ancêtre du clan des Banû Hâchim au sein de la **tribu** de Qoreïch. Ramifiés par la suite en deux branches : les descendants de 'Ali ou **'Alides** et les descendants d'al-'Abbâs ou **Abbassides**. V. **naqîb**.

HADATH al-'ÂLAM – Dans le langage théologique, « contingence du **monde** » considéré comme ayant un commencement. V. **création** et **hudûth**.

HADD, pl. **HUDÛD** – Terme signifiant « limite » et employé dans le **Coran** pour désigner les « prescriptions restrictives » d'origine divine. Il en est venu à s'appliquer aux « peines légales » qui sanctionnent : – la fornication ou **zinâ** et la fausse accusation de fornication, – la consommation du **vin** ou *khamr,* – le **vol** ou *sâriqa* et le **brigandage** ou *qat' al-tarîq,* – l'**apostasie**. – Ces peines, abolies par l'État ottoman dès 1858, ne sont plus appliquées aujourd'hui dans la majorité des pays musulmans pourvus de constitutions de type occidental, mais sont maintenues dans les pays qui appliquent strictement la Loi religieuse ou **sharî'a**. V. **mukallaf**.

HADÎTH – « Récit », plus particulièrement « parole » attribuée à **Muhammad**. – L'ensemble de ces Traditions, les « sentences » transmises par les **Compagnons**, a fait l'objet de recueils établis à partir du début du VIIIe siècle. Six d'entre eux, composés au IXe siècle, sont considérés en milieu **sunnite** comme canoniques : ils sont à la base de la **sunna** fondée sur la conduite de Muhammad. Le plus connu est celui d'un traditionniste ou **muhaddith** nommé al-Bukhâri (m. 870). – Le texte ou **matn** d'un hadîth est toujours précédé de la « chaîne des transmetteurs », appelée **isnâd**, qui le rend plus ou moins valable. V. **dâ'if, hasan, khabar, khabar al-wâhid, mashhûr, mutawâtir, qudsî** et **sahîh**.

HADRA – Dans le langage du **soufisme**, « présence divine ». – Désigne aussi, chez les soufis, des offices et des séances de litanies ou **dhikr**. V. **majlis**.

HÂFIZ – Litt. « connaissant le **Coran** par cœur ». Qualificatif appliqué à tout savant ayant une connaissance approfondie des sciences religieuses, surtout du droit religieux ou **fiqh** et de la Tradition ou **hadîth**.

HÂJAR – Ou Agar. V. **Ismâ'îl**.

HAJAR al-ASWAD (al-) – V. **Pierre noire**.

HAJAR al-MUSTALAM (al-) – « La pierre que l'on touche ». Appellation de la **Pierre noire**.

HAJJ – « Pèlerinage rituel à **La Mekke** », dit Pèlerinage Majeur, que tout musulman doit accomplir une fois dans sa vie, s'il en a la possibilité matérielle. A lieu chaque année durant la première quinzaine du mois lunaire auquel il donne son nom, **dhû l-hijja**. – Le pèlerin doit assumer les gestes ou rites suivants : – se mettre en état de **sacralisation** en procédant à des **ablutions** complètes et en revêtant une tenue spéciale, – répéter l'invocation **labbayka**, – gagner la plaine de **'Arafat** dominée par le **jabal al-Rahma**, y faire la « station » ou **wuqûf** et accomplir les deux Prières rituelles ou **salât** de midi et de l'après-midi, – se rendre à **al-Muzdalifa** pour y passer la nuit, – gagner **Minâ** pour procéder à la **lapidation** rituelle d'un des trois « tas de pierre » ou **jamarât**, celui de la Pente, puis au **sacrifice** d'une victime, – se faire « raser les cheveux » ou **halq**, – retourner à La Mekke pour accomplir la circumambulation ou **tawâf** autour de **la Ka'ba**, – revenir à Mina pour procéder pendant les trois jours du **tashrîq** à de nouvelles lapidations et retourner à la Mekke pour une dernière circumambulation et la **désacralisation** finale. – Le hajj ne fait que reprendre, en fonction des transformations apportées par **Muhammad** aux pratiques anciennes, certains rites que l'on accomplissait avant l'islam dans le sanctuaire et le **haram** de La Mekke. Il est interprété essentiellement comme un acte de culte **monothéiste** permettant au fidèle d'obtenir un **pardon** de toutes ses **fautes**. V. **istighfâr** et **'umra**.

HÂJJ – « Pèlerin » ayant accompli le **hajj** à **La Mekke**.

HAKAM (al-) – « Le Juge ». Un des **Beaux noms de Dieu**.

HAKAM – « Arbitre ». Le duel *al-hakamâni* désigne les « deux arbitres » de la rencontre d'**Adhruh**, dont la décision en faveur de Mu'âwiya entraîna la scission entre **chiites** et **sunnites**.

HÂKIM, pl. **HUKKÂM** – « Juge, auxiliaire du **cadi** » qui est lui-même un juge.

HÂL, pl. **AHWÂL** – « États » de l'essence divine, selon une notion adoptée par certains **mu'tazilites** pour expliquer l'existence des « qualificatifs » ou **attributs** divins, et en partie reprise parmi les thèmes des **acharites**.
– Pour les **soufis**, « modes » ou « états spirituels » ou « étapes » qui jalonnent le parcours mystique. V. **manâzil** et **maqâmât**.

HALÂL – Dans la langue juridique, « licite ». Qualificatif s'appliquant particulièrement à la viande d'animaux égorgés selon les règles. Contraire de **harâm**. V. **hukm** et **interdits alimentaires**.

HALQ – Acte de « se faire raser la chevelure ». Rite que doivent accomplir à **La Mekke** les pèlerins du **hajj**, vers la fin de leur parcours, et qui marque leur **désacralisation**.

HALQA – « Cercle » d'étudiants ou d'auditeurs groupés autour d'un maître dont ils suivent l'enseignement. V. **madrasas**, **majlis** et **samâ'**.

HAMDALA – Action de « prononcer ou répéter la formule **al-hamdu li-llâh** ».

HAMDU li-LLÂH (al-) – « Louange à Dieu ». Doxologie que l'on prononce à la fin d'une action réussie et qui est fréquemment utilisée dans la vie quotidienne, oralement comme par écrit.

HAMMÂM – « Bain monumental » à étuves. Type d'édifice, à l'architecture partiellement héritée de l'Antiquité, qui était, dans toute ville, indispensable à la vie quotidienne du musulman, notamment pour l'accomplissement de l'**ablution** majeure ou **ghusl**.

HAMZA – Oncle paternel de **Muhammad**, qui le défendit activement contre ses ennemis, mais fut tué par un esclave abyssin lors de la **bataille** d'**Ohod**. – Considéré comme un héros au courage légendaire, dont les aventures furent contées dans des romans populaires en diverses langues.

HAN – V. **khân**.

HANAFISME – **École juridique** fondée par Abû Hanîfa (m. 767), qui se répandit surtout en Iran, puis en Anatolie, et fut l'école dominante dans l'Empire ottoman. – Appliquant le principe de l'**istihsân** ou « recherche de la meilleure solution » et recourant fréquemment à la « réflexion personnelle » ou **ra'y**, elle adopta souvent des solutions moins strictes que les autres écoles (notamment en ce qui concerne le **mariage** et la consommation du **vin**).

HANBALISME – **École juridique** et **école théologique** fondée par Ahmad ibn Hanbal (m. 855), qui se caractérise par son **littéralisme** et qui est représentée à l'époque actuelle par le **wahhabisme**. A entraîné autour d'elle le développement d'une tendance **traditionaliste** accusée d'anthropomorphisme ou **tashbîh**.

HANÎF – Adepte de la religion **monothéiste**. – Appellation souvent appliquée à **Ibrahîm**/Abraham, puis à certains païens avant l'apparition de l'islam, puis de façon générale à tout musulman.

HAQÎQA – « Réalité spirituelle » obtenue, selon les **chiites** et divers mystiques, par l'**exégèse** appelée **ta'wîl** ou « recherche du sens ésotérique » du **Coran**. – Pour certains **soufis**, dernier **état spirituel** dans leur « voie » ou **tarîqa**.

HAQQ, pl. **HUQÛQ** – « Réalité, vérité ». – Tout d'abord au sens religieux et spirituel : Dieu est Vérité, d'où le nom propre 'Abd al-Haqq, « serviteur de la vérité », et l'expression **dîn** *al-haqq* ou « religion de la vérité » figurant dans le **Coran**. – Pour les **soufis**, certitude réelle obtenue par l'anéantissement du moi ou **fanâ'**. D'où la formule d'al-Hallâj (mystique condamné et exécuté en 922) : *Anâ l-haqq*, « Je suis la vérité ». – En matière juridique, souvent au pluriel, les « droits de Dieu » ou *huqûq Allah*, c'est-à-dire les prescriptions divines contenues dans le **Coran**.

HARAM – « Territoire sacré ». S'applique à quatre territoires : – le territoire entourant la **Ka'ba** à **La Mekke** appelé aussi *haram Allâh* ou *al-haram al-sharîf* l' « Auguste sanctuaire », soumis à certains interdits : on ne doit ni y chasser ni y porter les armes et les non-musulmans ne peuvent y pénétrer ; – le territoire entourant la Mosquée de **Médine** ; – le territoire englobant à **Jérusalem** le **masjid al-Aqsâ** et la **coupole du Rocher** ou *qubbat al-sakhra*, appelé aussi *al-haram al-sharîf* ; – le territoire entourant le tombeau d'**Ibrâhîm**/Abraham dans la ville d'**Hébron/al-Khalîl**, que l'on appelle *haram al-Khalîl* ou « de l'Ami [de Dieu] ».

HARÂM – Dans le langage juridique, « illicite, interdit ». Contraire de **halâl**. V. **hukm**.

HARAM ALLÂH – Ou « de Dieu ». Appellation du **Haram** de la **Mekke**.

HARAM al-KHALÎL – Ou « de l'Ami de Dieu ». Appellation du **Haram** d'**Hébron**.

HARAM al-SHARÎF (al-) – Ou « auguste ». Appellation appliquée aux deux **Harams** de la **Mekke** et de **Jérusalem**.

HAREM et **HAREMLIK** – Termes francisés à partir du turc venant de l'arabe **harîm**. Le premier désigne « l'ensemble des membres féminins d'une famille » ainsi que « l'appartement où ils sont logés » et où seul le maître de maison et les servantes peuvent pénétrer ; – le second désigne uniquement cet appartement, c'est-à-dire la « partie d'une maison réservée aux **femmes** ».

HARÎM – Terme arabe à double signification transmise au français **harem**.

HAROUN ou **HÂRÛN** – Personnage biblique mentionné par le **Coran** comme un **prophète**, identifié au frère de **Mûsâ**/Moïse et présenté comme son « auxiliaire » ou **vizir**.

HASAN – « Bon ». Dans le langage juridique, qualificatif de certains **hadîths** qui sont utilisables sans atteindre toutefois à la qualité de **sahîh**. V. **dâ'if, mashhûr, mutawâtir** et **qudsi**.

HASAN (al-) – Petit-fils de **Muhammad**, IIe **imâm** pour les **chiites imamites** duodécimains et premier pour les **ismaéliens** septimains, qui succéda pendant six mois à son père 'Ali comme prétendant au pouvoir, puis y renonça en faveur des **Omeyyades**. Il mourut huit ans après et fut enterré à **Médine**, au cimetière du Baqî' où sa tombe fut ensuite abritée par un **mausolée** vénéré, aujourd'hui détruit.

al-HASAN al-'ASKARI – Le XIe **imâm** des **chiites imamites** duodécimains, mort en 874 à **Samarra** où son tombeau est vénéré dans le mausolée, dit des 'Askariyayn, qui abrite également celui de son père 'Ali al-Hadi.

HASHÎSHI, HASHÎSHIYÛN – Appellation appliquée aux **nizaris**. V. **Assassins**.

HASHR – Terme figurant dans le **Coran** pour désigner le « rassemblement » des hommes au jour du Jugement ou **yawm al-dîn**.

HASHWIYA – Terme d'origine obscure appliqué aux **traditionalistes** anthropomorphistes. V. **hanbalisme** et **tashbîh**.

HAWÂ – « Passion ». Désigne les désirs condamnés par les **soufis** – mais aussi les erreurs doctrinales, les « déviations » qui caractérisent les divers **mouvements politico-religieux** critiqués par des auteurs anciens sous l'appellation de **firqa**, pl. **firaq**.

HAWD – « Bassin monumental » dans les cours de **mosquées** pour les **ablutions**. – Selon la Tradition ou **hadîth**, « bassin » près duquel les hommes, après leur **résurrection** au jour du Jugement ou **yawm al-dîn**, rencontreront **Muhammad** pour lui demander son intercession ou **shafâ'a**.

HAWWA – La première **femme**, épouse d'**Adam**. Personnage biblique auquel fait allusion le **Coran**, et dont le souvenir est évoqué non loin de **La Mekke**.

HAYY (al-) – « Le Vivant ». Un des **Beaux noms de Dieu**.

HAYYA 'ALÂ KHAYR al-'AMAL – « Venez au meilleur ouvrage. » Formule supplémentaire figurant dans l'**adhân** ou « appel » à la Prière selon la pratique des **chiites** ; son emploi est un signe de leur domination sur la région concernée.

HAYYA 'ALÂ l-SALÂT – « Venez à la Prière » rituelle ou **salât**. Formule figurant dans le texte de l' « appel » ou **adhân** qui précède cette Prière.

HÉBRON – Localité de Palestine, dont la célébrité tient au souvenir d'**Ibrahîm**/Abraham qui a fourni à la ville son nom arabe d'**al-Khalîl**. À l'époque byzantine, un tombeau d'Abraham occupait une grotte où les auteurs musulmans situent aussi les tombes d'**Ishâq**/Isaac et de **Ya'qûb**/Jacob. Ce sanctuaire fut respecté et son « territoire sacré » appelé le **Haram** d'**al-Khalîl**.

HÉGIRE – En arabe *hijra*. « Expatriation » de **Muhammad** et des premiers musulmans quittant **La Mekke** pour Yathrib, la future **Médine**. – Sa date, fixée par le premier **calife Abû Bakr** au 16 juillet 622, marque le début de l'ère musulmane et de son **calendrier**. – On appelle aussi *hijra* l'expatriation des musulmans qui, à l'imitation de Muhammad, quittent un territoire hostile pour une région où ils s'établissent et d'où ils reviennent ensuite en triomphateurs.

HÉRÉSIE – Notion partiellement exprimée par le terme **ilhâd** ou « déviation », difficile à saisir dans l'islam où il n'existe pas de **magistère doctrinal**. Chacun des **mouvements politico-religieux** que les auteurs musulmans décrivent sous le nom de **firqa** qualifie de « déviationnistes » les mouvements qui lui sont opposés. – Mais le terme est plus généralement appliqué à ceux qui s'écartent de la doctrine professée par le plus grand nombre, garantie d'**orthodoxie**, à savoir les **sunnites** ou **ahl al-sunna wa l-jamâ'a**. – De leur côté, les **chiites** qualifient de **mulhids**, voire d' « infidèles » ou **kâfirs**, tous les non-chiites. **V. zandaqa**.

HÉRITAGE – L'héritage est réglé dans le **Coran** par une division en parts (en arabe, **fard** pl. *farâ'id*), selon des règles précises qui font hériter non seulement les parents par les hommes ou **'asaba**, mais aussi les parents par les femmes ou **dhawû l-arham**, et qui garantissent à certains héritiers (par exemple le père et la mère) des parts réservataires.

HEZBOLLAH – V. Hizb Allâh.

HIJÂB – V. voile.

HIJR – Dans le sanctuaire de **La Mekke**, emplacement, immédiatement voisin de la **Ka'ba**, que délimite une sorte d'enceinte semi-circulaire et qui abrite les tombes d'**Ismâ'îl** et de sa mère Hâjar.

HIJRA – V. hégire.

HIKMA – « Sagesse ». – Désigne souvent la sagesse des auteurs de l'Antiquité, dont les œuvres furent traduites à **Bagdad** au début du IXe siècle, sur l'ordre du **calife abbasside** al-Ma'mûn, dans la « maison de la sagesse » ou **bayt al-hikma**. – Désigne également, chez les **falâsifa**, le passage de l'âme humaine à la perfection. – Correspond enfin, chez les **chiites ismaéliens**, aux vérités profondes du **Coran**, celles qui étaient enseignées au **dâr al-hikma** du **Caire**, centre de la « propagande » ou **da'wa** des **Fatimides**. La sagesse ainsi comprise s'identifiait à la doctrine ismaélienne. **V. ishrâq**.

HÎLA, pl. HIYAL – « Expédients juridiques ». – Utilisés par certains juristes ou **faqîhs**, surtout **hanafites**, pour modifier les règles du droit religieux ou **fiqh**.

HILÂL – V. « croissant de lune ».

HIRÂ' – Montagne et caverne, proches de **La Mekke**, où **Muhammad** aurait reçu sa première révélation.

HISÂB (**'ILM al-**) – « Science du calcul ». V. arithmétique.

HISBA – Fonction du magistrat nommé **muhtasib** qui occupait, dans la vie de la cité, la charge de « commandement du bien et interdiction du mal », en arabe **al-amr bi-l-ma'rûf wa-l-nahy 'an al-munkar**. – Dans la pratique, il s'agissait surtout de veiller à la moralité publique et de contrôler les activités des artisans et commerçants.

HIZB, pl. **AHZÂB** – « Groupe, faction, parti, section », selon des sens différents attestés dans le **Coran** et les acceptions diverses qui ont suivi. Ainsi : – groupement des ennemis des musulmans lors de la **bataille** du **Khandaq** à **Médine**, – groupement des **Arabes convertis** à l'islam et ralliés à **Muhammad**, – parti politique, – enfin, une section du **Coran**. Ce dernier sens a donné son nom à un office pratiqué par les **soufis**.

HIZB ALLÂH – « Parti de Dieu » qui, selon le **Coran**, sera assuré de la victoire. Ce nom est devenu récemment celui d'un mouvement **islamiste** apparu en Iran après la révolution de 1979 et appelé en français Hezbollah.

HODEÏBIYA ou **HUDAYBIYA** – Vallée proche de **La Mekke** où, en 628, après avoir fait prêter un serment d'allégeance ou **bay'a** aux gens de sa troupe, **Muhammad** conclut avec les chefs mekkois un pacte en vertu duquel il renonçait à accomplir immédiatement le Pèlerinage à la **Mekke**, mais devait être autorisé à le faire, avec ses **Compagnons**, l'année suivante. – Une trêve ou **hudna** de dix ans fut conclue à ce propos, mais ne fut pas respectée par Muhammad qui triompha en 629 grâce à son attaque armée de La Mekke suivie de sa « victoire » ou **fath**. V. Ridwân (bay'at al-) et Shajara (bay'at al-).

HODJAS – Groupe de musulmans **chiites** de l'Inde occidentale rattachés à l'**ismaélisme nizari** et répandus en Afrique orientale.

HOMICIDE – Justifie éventuellement un droit de vengeance lié au talion ou **qisâs**. V. diya et tha'r.

HOMMES de la CAVERNE – V. ahl al-kahf.

HONEÏN (bataille de) ou **HUNAYN** – Victoire de **Muhammad** sur une tribu arabe hostile, qui prit place, dans une vallée de palmeraies située non loin de **La Mekke**, peu après la prise de cette ville ou **fath**. – Le **Coran** la mentionne en l'attribuant à une intervention de Dieu et de ses légions d'**anges**.

HÔPITAL – V. mâristân.

HOUD – Ancien prophète arabe. V. Hûd.

HOURIS – Ou **Hûr**. Nom des **femmes** vierges du **paradis**, qui seront données comme épouses aux **élus**, selon les versets du **Coran** les plus anciens.

HUBB – « **Amour**, amitié ». V. 'ishq et mahabba.

HÛD – **Prophète** anté-islamique mentionné par le **Coran**, qui aurait été envoyé au peuple **arabe** des **'Âd**.

HUDÂ – La « bonne voie », la « direction dans la voie droite », montrée par le **Coran**. V. **bushrâ**.

HUDAYBIYA – V. **Hodeïbiya**.

HUDNA – « Trêve, paix temporaire », conclue entre un pays d'islam et un territoire appartenant au « territoire de la guerre » ou **dâr al-harb**. V. **Hodeïbiya**.

HUDÛD – « Peines légales » : pl. de **hadd**.

HUDÛTH – Terme employé par les **falâsifa** ainsi que par certains théologiens **mutakallimûn** pour exprimer la « venue à l'être ». V. **hadath al-'âlam**.

HUJJA – « Preuve, argument, acte légal ». V. **bayyina**, **burhân** et **dalîl**.

HUJJAT al-ISLÂM – « Preuve de l'islam », c'est-à-dire garant de Dieu pour les hommes ou **imâm** chez les **chiites**. – Appellation s'étant appliquée au XIIe **imâm** des **imamites** ainsi qu'au « propagandiste suprême » ou **dâ'i al-du"ât** chez les **Fatimides** et au deuxième plus haut membre de la hiérarchie des **nizaris**. Décernée, à l'époque actuelle en Iran, au principal **mujtahid** qui devint l'**ayatollah** suprême. – Avait été utilisée au XIIe siècle comme surnom de l'auteur mystique et professeur **sunnite** réputé que fut al-Ghazali.

HUKM, pl. **AHKÂM** – « Jugement, statut légal ». – En langage juridique, « degrés de qualification » des **actes humains** ou **a'mâl**, allant de l'acte « interdit » à l'acte « obligatoire », qui sont représentés par les termes arabes de **harâm**, **munkar**, **mubâh**, **mandûb** et **wâjib**.

HULÛL – « Infusion du divin dans la créature ». D'où « incarnationnisme » considéré comme contraire à l'unicité divine ou **tawhîd**. – Motif de condamnation de certains **soufis** ayant déclaré que, lors de l'**extase**, la divinité est présente en eux. V. **haqq**.

HUNAYN – V. **Honeïn**.

HÛR – V. **houris**.

HUSAYN (al-) – Petit-fils de **Muhammad**, IIIe **imâm** des **chiites imamites** duodécimains et IIe des **ismaéliens** septimains. Refusa de prêter serment au deuxième **calife omeyyade** Yazîd, se heurta aux troupes du **gouverneur** de Koufa et fut tué à **Karbala**, en Irak, le 10 muharram 680. – Considéré par ses partisans comme un martyr ou **shahîd** dont le deuil est célébré tous les ans lors de la **fête** de l'**Achoura**, tandis que sa **tombe** a donné naissance à un sanctuaire vénéré, entouré d'une importante agglomération.

HUWA HUWA – « Lui, c'est lui. » Formule récitée par les **soufis** qui répètent le pronom désignant la divinité en vue d'accéder à l'**extase**. V. **huwiya**.

HUWIYA – Terme philosophique formé sur le pronom **huwa**, « il », et pouvant être traduit par « ipséité ». – Pour les **soufis**, ce terme désigne l' « ipséité divine ».

HYPOCRITES – Mentionnés par le **Coran**. V. **munâfiqûn**.

— I —

'IBÂDAT – Litt. « actes cultuels d'adoration ». – L'exposé de ces prescriptions constitue la première partie des traités de droit religieux ou **fiqh**, alors que leur seconde partie traite des « relations sociales » entre musulmans ou **mu'âmalât**. – L'aumône légale ou **zakât** et la guerre légale ou **jihâd** sont rangées dans la catégorie des obligations religieuses qui font directement partie du culte rendu à Dieu, de même qu'elles figurent parmi les « piliers de l'islam » ou **arkân al-dîn**. V. **'abada**.

IBADITES ou **IBÂDIYA** – Branche modérée du **kharijisme**, apparue vers 684, qui condamnait « l'élimination » des non-kharijites ou **isti'râd**. – Persécutée en Orient, elle prit pied au Maghreb où prospéra une dynastie ibadite, celle des Rostemides de 776 à 909, puis au Mzab où ses adeptes sont encore connus sous le nom de **Mozabites**. V. **azrakites**, **najadât** et **soufrites**.

IBÂHIYA – « Libertins ». Définis comme ceux qui méprisent les pratiques cultuelles musulmanes ou **'ibâdât**.

IBLÎS – Du grec *diabolos*. Mentionné dans le **Coran** comme l'**ange** qui refusa de se prosterner devant **Adam**, qui fut alors maudit de Dieu, mais qui reçut le pouvoir d'égarer les hommes. – Appelé aussi **al-Shaytân** et **al-Rajîm**.

IBN – « Fils » ou « fils de ». – Terme utilisé dans la partie de l'appellatif musulman dénommée **nasab** ou « filiation ». V. **banû** et **noms de personnes**.

IBN al-'ABBÂS – Fils d'**al-'Abbâs** et cousin de **Muhammad**. Passe pour avoir été un savant, connaisseur de nombreux **hadîths** ou Traditions qui sont considérées comme particulièrement « sûres ». V. **Abbassides**.

IBN MAJAH – Auteur (m. 887) d'un des six recueils canoniques de la Tradition ou **hadîth**.

IBN MUJÂHID – Spécialiste des **lectures coraniques**, qui écrivit, au début du Xe siècle, un traité sur les « Sept lectures admissibles ». V. **Coran** et **qâri'**.

IBRÂHÎM – Ou Abraham. Personnage biblique dont l'histoire est évoquée dans vingt-cinq **sourates** du **Coran** comme celle d'un **prophète** et un **hanîf**, fondateur du **monothéisme**. – Combat les adorateurs d'idoles et reçoit l'ordre de sacrifier son fils, **Ishâq** ou **Ismâ'îl** selon les commentateurs, sauvé à la dernière minute. Se rend ensuite en Arabie où il construit la **Ka'ba** de **La Mekke** et fixe les rites du **hajj**. – L'islam est considéré comme la « religion » ou **milla** d'Ibrâhîm.

'ÎD al-ADHÂ – « Fête des sacrifices ». Autre nom de la « grande fête » ou **al-'îd al-kabîr**.

'ÎD al-FITR – « Fête de la rupture du Jeûne » ou **sawm**. Autre nom de la « petite fête » ou **al-'îd al-saghîr**.

'ÎD al-KABÎR (al-) – La « grande fête », appelée aussi **'îd al-adhâ**. – Célébrée en même temps que le **hajj** de **La Mekke**, marquée par l'immolation d'une victime ou **dhabîha**, en souvenir d'**Ibrâhîm**/Abraham, et fixée, pour l'ensemble du monde musulman, au 10 du mois de **dhû l-hijja**, le jour du **sacrifice**. – Prière rituelle ou **salât** de deux **rak'as** accomplie au **musallâ**. – Porte aussi d'autres noms selon les langues locales, **büyük bayram** en turc par exemple.

'ÎD al-SAGHÎR (al-) – La « petite fête », appelée aussi **'îd al-fitr**. – Célébrée à la fin du Jeûne ou **sawm** de **ramadân** et marquée par des manifestations d'allégresse et consommation de sucreries. – S'accompagne d'une Prière ou **salât** accomplie au **musallâ**. – Porte aussi d'autres noms selon les langues locales, **küçük bayram** en turc par exemple.

'IDDA – Dans le langage juridique, « période de retraite » que la **femme**, après sa **répudiation**, doit observer avant de se remarier. **V. mariage** et **mu'tadda**.

'IDGÂH – Terme persan correspondant à **musallâ**.

IDHN – En milieu **soufi**, « admission » dans une **confrérie**.

IDRÎS – Personnage mentionné comme **prophète** dans le **Coran**, souvent assimilé à l'Énoch biblique, mais parfois intégré à la filiation des sages hellénistiques portant le nom d'Hermès.

IFÂDA – « Déferlement ». Terme **coranique** devenu un terme technique du **hajj** pour désigner la « ruée » des pèlerins se précipitant en foule d'un lieu à l'autre entre deux cérémonies rituelles, notamment vers **al-Muzdalifa** après l'accomplissement de la « station » ou **wuqûf** de 'Arafât. **V. nafar**.

IHRÂM – Du verbe **ahrama**. **V. sacralisation**.

IHSÂN – « Le fait de bien agir ». – Complète la « croyance » ou **îmân** et l' « accomplissement extérieur » ou **islâm** des divers actes cultuels exprimés par le terme **'ibâdât**. – Dans le langage des **soufis**, modernes notamment, correspondrait en outre à une intériorisation des obligations rituelles. **V. bien (le)** et **ma'rûf**.

IHTIKÂR – Dans le vocabulaire juridique, « accaparement » consistant à garder en réserve des produits de première nécessité. Condamné en vertu de la Tradition ou **hadîth**. **V. économique (éthique)**.

IHTISÂB AGHASI – Terme turc désignant l'agent chargé de la police du **marché**, qui correspond au **muhtasib**. **V. hisba**.

ÎJÂB – « Offre ». Terme juridique devant figurer dans tous les contrats de **vente** pour exprimer l'assentiment du vendeur. **V. qabûl**.

I'JÂZ – « Caractère inimitable » du **Coran**, considéré comme le seul miracle attribuable à **Muhammad**. V. **mu'jizât**.

IJÂZA – Dans le langage juridique, « autorisation d'enseigner » accordée, par un professeur en sciences religieuses ou **'ulûm dîniya**, à un étudiant ayant suivi son enseignement dans son « cercle d'auditeurs » ou **halqa**, au cours de « séances » portant le nom de **majlis**. Peut valoir pour un ouvrage ou pour une discipline. – Dans le vocabulaire des **soufis**, l' « initiation » que reçoit un novice dans une **confrérie**. V. **madrasa** et **samâ'**.

IJMÂ' – « Consensus des musulmans sur une question de droit religieux ou **fiqh** ». – Admis par presque toutes les **écoles juridiques** comme troisième source du droit après le **Coran** et la Tradition ou **hadîth** sur laquelle repose la **sunna**. – Compris différemment selon les écoles : soit réduit par exemple à l'accord des **Compagnons**, – soit correspondant à l'accord de la **communauté** à une époque donnée. V. **usûl al-fiqh**.

IJTIHÂD – « Effort de réflexion » en matière juridique. – Nécessaire pour élaborer des règles précises reposant sur le **Coran** et la Tradition ou **hadîth**. Suit des méthodes variant selon les quatre **écoles juridiques** reconnues, dont les principales sont l'**istihsân**, l'**istislâh** et le **qiyâs**. – En milieu **sunnite**, réservé, comme *ijtihâd* « absolu » ou *mutlaq*, aux fondateurs d'écoles dont les disciples ne disposent que d'un *ijtihâd* « relatif ». Certains docteurs ont déclaré qu'après le XIIe siècle la porte de l'*ijtihâd* était fermée, opinion qui n'est pas acceptée de tous. – À l'époque moderne, les tenants du réformisme ou **islâh** ont déclaré vouloir « rouvrir » la porte de l'*ijtihâd* et quelques réformes sont intervenues depuis la fin du XIXe siècle, dues toutefois à un pragmatisme politique plus qu'à un nouvel « effort de réflexion ». – Dans l'Iran **chiite**, des juristes dits **mujtahid** furent considérés comme étant les interprètes de l'**imâm** « caché ».

IKHLÂS – « Culte sincère » ou « pur ». Titre d'une **sourate** du **Coran**, proclamant l' « unicité divine » ou **tawhîd** et jouissant d'un prestige particulier.

IKHTILÂF – Dans le langage du droit religieux ou **fiqh**, « divergence de doctrines ou de points de vue » entre des juristes ou **faqîhs** appartenant à des **écoles juridiques** différentes.

IKHTIYÂR – « Libre choix ». – Principe sur lequel se fonde la proclamation du **calife** en milieu **sunnite**, par opposition au principe de la « désignation testamentaire » ou **nass** pratiquée chez les **chiites**.

IKHWÂN – Pluriel de **akhû** « frère » (au sens de « frère en religion »), employé dans le **Coran**. – S'applique aux membres de certaines **confréries** de **soufis**.

IKHWÂN (al-) – « Les Frères ». Membres d'un mouvement politique et religieux, inspiré du **wahhabisme**, qui soutint l'action d'Ibn Séoud en Arabie entre 1912 et 1930.

IKHWÂN al-MUSLIMÛN (al-) – Les « Frères musulmans ». **Mouvement politico-religieux** fondé en 1928 en Égypte par Hasan al-Bannâ', qui prêchait le retour à la foi des ancêtres ou **salaf** conçue sous une forme **traditionaliste**. – Après la mort d'al-Bannâ', assassiné en 1949, entra en lutte contre le pouvoir et fut impliqué dans l'assassinat d'Anouar al-Sadate en 1981. Ses activités continuent actuellement et un fils d'al-Bannâ' s'est établi à Genève.

IKHWÂN al-SAFÂ – « Les Frères sincères ». Expression parfois traduite littéralement par « les Frères de la pureté ». – Nom des auteurs anonymes d'une Encyclopédie composée à la fin du Xe siècle et comprenant 52 traités. – Cet ouvrage, inspiré des doctrines **chiites ismaéliennes**, se propose de dispenser aux initiés des vérités cachées et de les conduire à se fondre avec l'Âme universelle ou **nafs** qui régit le monde.

IKRÂH – « Contrainte ». Terme juridique utilisé dans un verset **coranique** : « Pas de contrainte dans la religion » *(lâ ikrâh fî l-dîn)*. V. **makrûh**.

IKTISÂB – « Acquisition des actes ». Théorie qui, selon l'**école théologique acharite**, justifie l'existence du **libre arbitre** chez l'homme.

ILÂHIYYÂT – « Métaphysique, théologie rationnelle ». Terme utilisé dans les traités de **falsafa** et de théologie musulmane ou **kalâm**.

ILHÂD – « Déviation », d'où « **hérésie** » caractérisant le *mulhid* pl. *mulâhida*. – Terme **coranique** interprété de diverses manières selon les époques. – Parfois compris comme « rébellion contre l'autorité ». – Plus souvent associé aux doctrines déviantes caractérisant certains **mouvements politico-religieux** et allant même jusqu'au matérialisme ou **dahriya**. V. **firqa**.

'ILLA – Dans le langage juridique, « cause effective » qui justifie le recours à un « raisonnement par analogie » ou **qiyâs**. V. **chaféisme** et **fiqh**.

ILLICITE – Dans le langage juridique, un des qualificatifs des actes humains. V. **harâm**.

ILLUMINATION – Dans le langage des **falâsifa**. V. **ishrâq**.

'ILM, pl. **'ULÛM** – « Science », c'est-à-dire essentiellement la science religieuse et parfois la connaissance de la Tradition ou **hadîth**. – Terme employé aussi pour désigner les diverses sciences profanes. V. **fiqh, kalâm, tafsîr** et **'ulûm**.

'ILM al-QULÛB – « Science des cœurs ». Une des définitions du **soufisme**.

IMAGES (proscription des) – V. **aniconisme**.

IMÂM – « Guide ». Terme présentant des acceptions diverses, qui cependant s'expliquent toutes par le sens originel. – Dans la vie quotidienne, s'applique au personnage qui dirige la Prière rituelle ou **salât** devant la niche du **mihrâb** et dont les gestes sont répétés par les fidèles situés derrière lui : peut être soit un musulman quelconque, soit le plus souvent un homme instruit ou un notable à qui cette fonction est dévolue sans qu'il reçoive aucune rémunération. – La direction de la Prière étant la prérogative essentielle du chef temporel et spirituel de la **communauté**, à partir du IXe siècle le **calife** se qualifie d'*imâm,* titre déjà donné, par les adeptes du **chiisme**, aux descendants de **'Ali** qui prétendaient au pouvoir et qui jouissaient, selon leurs fidèles, des qualités surhumaines ou **'isma** de l'imâm chiite. – Parallèlement, *imâm* continua d'être employé, dans la langue arabe classique, avec le sens général de « personnage faisant autorité » dans une discipline quelconque, profane aussi bien que religieuse. V. **faqîh.**

IMÂM CHIITE – Pour les **chiites**, le titre **imâm** qualifie les descendants de **'Ali** et parfois **'Ali** lui-même considérés comme les seuls dignes d'exercer le pouvoir politico-religieux auquel ils ont prétendu. – Nommément désignés, on connaît les douze imâms des **imamites** et les sept imâms des **ismaéliens**, la plupart descendant d'**al-Husayn** ; à côté d'eux, les imâms des **zaydites** furent choisis parmi les **'Alides** en tenant compte de leurs mérites et non de leur filiation directe. – Cinq des six premiers imâms des imamites duodécimains, à savoir **al-Hasan** et al-Husayn, puis **'Ali al-Asghar, Muhammad al-Baqir** et **Ja'far al-Sâdiq**, sont reconnus par les ismaéliens septimains qui leur adjoignent ensuite **Ismâ'îl ibn Ja'far** et **Muhammad ibn Ismâ'îl**. La série des douze imâms des imamites compte 'Ali en première place et comporte, après Ja'far al-Sâdiq, **Mûsa al-Kazim** suivi de **'Ali al-Rida, Muhammad al-Jawâd, 'Ali al-Hadi, al-Hasan al-'Askari** et **Muhammad al-Muntazar.**

IMÂM al-HARAMAYN – Ou « l'imâm des deux **Harams** ». Surnom du théologien **acharite** al-Juwayni qui séjourna quatre ans, au milieu du XIe siècle, à **La Mekke** et à **Médine**. V. **Lieux saints.**

'IMÂMA, pl. **'AMÂ'IM** – « Turban ». Longtemps, avec le **lithâm** des bédouins, la coiffure normale des musulmans. La couleur pouvait varier et avoir une signification sociale particulière. V. **qalansuwa** et **vêtement.**

IMAMAT – Fonction de l'**imâm** en tant que chef de la **communauté** musulmane. – Les théoriciens discutent pour savoir si le choix du souverain doit reposer sur le « libre choix », l'**ikhtiyâr** des **sunnites**, ou sur une « désignation testamentaire », le **nass chiite**. V. **calife** et **imam chiite.**

IMÂMBARA – Construction abritant, dans l'Inde du XVIIIe siècle, les cérémonies **chiites** de l'**Achoura**. V. **ta'ziya.**

IMAMITES DUODÉCIMAINS – Membres d'un mouvement **chiite** qui reconnaissait **'Ali**, ses deux fils, **al-Hasan** et **al-Husayn**, ainsi que ses descendants comme **imâms** désignés selon l'institution testamentaire ou **nass**. Cette lignée d'**imâms chiites** s'arrêta au XIIe, nommé **Muhammad al-Muntazar** ou l'« attendu », qui tomba en **occultation** à **Samarra** en 874 et dont on attend le retour. – Le chiisme imamite devint au XVIe siècle la religion dominante en Iran où un État imamite a été instauré en 1979. Sa doctrine est, sur certains points, à l'opposé des principes **sunnites**. Les imâms de la lignée husaynite, qui possèdent l'impeccabilité et l'infaillibilité exprimées par la notion de **'isma**, sont, à ce titre, les seuls interprètes reconnus de la Loi religieuse musulmane ou **sharî'a**. Parmi eux, le VIe imâm **Ja'far al-Sâdiq** est celui dont les enseignements sont le plus souvent cités. – Après l'occultation du XIIᵉ imâm, ses représentants visibles, appelés **mujtahids**, puis à l'époque contemporaine **ayatollahs**, sont reconnus comme seuls dépositaires de la vérité et de connaissances profondes qui, sans être contraires à la lettre du **Coran**, correspondent à un « sens caché » ou **bâtin** qu'il s'agit de savoir déchiffrer grâce à une **exégèse** symbolique ou **ta'wîl**. – En matière de droit, les imamites ont adopté des dispositions particulières, telles la licéité du **mariage** temporaire ou **mut'a**, la reconnaissance du droit de la fille unique à l'**héritage** entier, l'adoption d'une formule modifiée d'**adhân** ou « appel » à la Prière rituelle et la règle d'obéissance absolue à l'imâm. – Ils célèbrent d'autre part des **fêtes** particulières, la fête joyeuse du **Ghadîr Khumm**, commémorant l'investiture de 'Ali par **Muhammad**, et le deuil qui accompagne l'anniversaire de la mort d'al-Husayn à **Karbalâ'**, le 10 **muharram** lors de l'**Achoura**.

IMAMZÂDE – « Descendant d'**imâm** ». Terme persan appliqué à tout **'Alide** dont la **tombe** est en pays **chiite**, en Iran par exemple, objet de vénération et de « visites pieuses » ou **ziyâras**. V. **mausolée** et **mazâr**.

ÎMÂN – « Croyance, qualité du croyant ou **mu'min** », qui comporte trois éléments : – l'adhésion intérieure au contenu de la confession de foi ou **shahâda**, – l'expression verbale de ce témoignage – et le respect des prescriptions rituelles ou **'ibâdât**. – Les **écoles théologiques** apprécient différemment l'importance de telles obligations, qui pourraient, selon certains docteurs, faire augmenter ou diminuer la croyance. – Les **soufis** distinguent la croyance du vulgaire, fondée sur une acceptation passive, celle de l'intellectuel, fondée sur la connaissance ou **ma'rifa**, et celle du juste qui est une certitude mystique.

IMÂRA – « Émirat ou fonction de l'**émir** ». V. **dâr al-imâra**.

IMPECCABILITÉ – Qualité de tout **imâm chiite**. V. **'isma**.

IMPÉNÉTRABLE (l') – Un des qualificatifs de Dieu. V. **Samad (al-)**.

IMPÔTS – V. **jizya**, **kharâj**, **maks** et **zakât**.

IMPUTATION CALOMNIEUSE de FORNICATION – Terme juridique. V. **qadhf**.

'IMRÂN – Personnage biblique connu du **Coran**. V. **âl 'Imrân** et **Maryam bint 'Imrân**.

IN SHA' ALLÂH – « Si Dieu veut. » – Formule de la vie quotidienne, que le musulman utilise chaque fois qu'il évoque un événement situé dans le futur et le plus souvent improbable.

INCARNATIONNISME – Dans le langage mystique. V. **hulûl**.

INCROYANT – Ou « infidèle, mécréant, païen ». V. **kâfir**.

INDIFFÉRENT – Qualificatif juridique des actes humains. V. **mubâh**.

INDULGENT (l') – Un des qualificatifs de Dieu. V. **Ghaffâr (al-)** et **Ghafîr (al-)**.

INFAILLIBILITÉ – Qualité de tout **imam chiite**. V. **'isma**.

INFIDÈLE – Ou « incroyant, mécréant, païen ». V. **kâfir**.

INIMITABILITÉ du CORAN – V. **i'jâz**.

INJÎL – Nom de l'Évangile dans le **Coran**. V. **kitâb**.

INNOVATION DOCTRINALE – V. **bid'a**.

INSÂN al-KÂMIL (al-) – « L'homme parfait ». – Expression utilisée notamment par divers **soufis** qui font de l'homme le représentant de Dieu sur la terre, chargé de la sauvegarde divine du monde. – Certains musulmans appliquent aussi le qualificatif à **Muhammad**.

INSCRIPTIONS – Utilisent les ressources esthétiques de l'écriture **arabe**, sacralisée par son rôle religieux, et figurent sur les objets comme sur les monuments pour leur valeur propitiatoire aussi bien qu'historique. – Marquent aussi de citations du **Coran** et de **doxologies** l'environnement du musulman. V. **monnaies**.

INTELLECT ACTIF – V. **'aql al-fa"âl (al-)**.

INTENTION – Terme juridique. V. **niyya**.

INTERCESSION – Dans le langage théologique. V. **shafâ'a**.

INTERDIT – Un des qualificatifs juridiques des actes humains. V. **harâm**.

INTERDITS ALIMENTAIRES – Précisés par le **Coran** dans plusieurs passages qui modifient les règles suivies par les juifs. – Condamnent notamment la consommation de la viande de **porc**, celle de la viande d'animaux non égorgés selon les règles rituelles du **dhabh** et celle du **vin**.

INTÉRÊT GÉNÉRAL – V. **istislâh**, **malikisme** et **maslaha**.

INTERPRÉTATION du CORAN – V. **exégèse**, **tafsîr** et **ta'wîl**.

INVOCATIONS – Dans la pratique religieuse. V. **dhikr** et **du'a'**.

IQÂMA – Terme technique désignant le deuxième « appel » ou **adhân** qui marque le début de la célébration de la Prière ou **salât**.

IQRA' – « Récite ». Ordre que Muhammad aurait reçu, au cours d'une révélation, pour transmettre le message qui devint le **Coran**.

IQRÂR – Dans le langage juridique, « aveu, reconnaissance ». – Terme important car l'aveu a valeur de preuve ou **bayyina** et dispense de recourir à des « témoins oculaires » ou **shâhids**. – Peut donner lieu à l'établissement d'un acte écrit ou **'aqd**.

IQTÂ' – Terre « arrachée » au domaine de l'État et concédée à des chefs militaires ou à de hauts fonctionnaires. À l'époque des sultanats, l'*iqtâ'* correspond souvent à une petite principauté remise à un prince ou à un émir. V. **dîme** et **timar**.

IRÂDA – « Volonté ». Notamment la « volonté divine », source de la **création** du monde qui est conçue comme une création continue par certains théologiens. V. **acharisme**.

'IRFÂN – « Connaissance des vérités cachées, gnose ». V. **ma'rifa**.

'ISÂ IBN MARYAM – Nom donné dans le **Coran** à Jésus qui y est mentionné comme le fils de **Maryam**/Marie et un **prophète** envoyé de Dieu. – Sa conception miraculeuse, sa mission et sa mort font l'objet de versets dont le texte évoque les récits évangéliques. Mais 'Isâ y apparaît comme un simple « serviteur de Dieu » ou **'abd**, et non son fils : « Le Messie, 'Isâ ibn Maryam, est seulement l'Apôtre de Dieu, Sa Parole jetée par Lui à Maryam et un Esprit émanant de Lui. Croyez en Dieu et en ses Apôtres et ne dites pas Trois. »

'ISHÂ' (salât al-) – « Prière du début de la nuit ». Cinquième Prière rituelle quotidienne parmi les cinq obligatoires. **V. salât.**

ISHÂQ – Ou Isaac. Personnage biblique mentionné dans le **Coran** comme un des fils d'**Ibrâhîm**/Abraham.

'ISHQ – Dans le langage mystique, « amour (de Dieu) » au sens d' « amour extatique ». **V. mahabba.**

ISHRÂQ – « Illumination ». – Désigne, dans le langage des **falâsifa**, la connaissance provenant de l'illumination de l'âme par l'intellect actif ou **al-'aql al-fa''âl**, si du moins l'on s'en tient à la pensée d'Avicenne/Ibn Sînâ au XIe siècle. – S'applique aussi, plus précisément, à la « sagesse illuminative » qu'évoque une théorie, élaborée par al-Suhrawardi au XIIe siècle en s'inspirant du néo-platonisme, dans laquelle l'âme humaine peut s'unir à Dieu par l'effet d'une illumination.

ISKANDAR – Ou Alexandre le Grand. **V. Dhû l-Qarnayn.**

ISLÂH – « Réformisme ». Mouvement, né en Égypte à la fin du XIXe siècle, qui avait pour but de revivifier l'islam par un retour à sa forme originelle et aux idées des « anciens » ou **salaf**. – Ses représentants eurent des actions diverses. Tandis que Jamâl al-dîn al-Afghâni combattait surtout l'impérialisme britannique en Inde et en Égypte pour éviter l'influence du matérialisme occidental et que Muhammad 'Abduh (m. 1905) s'employait à moderniser l'enseignement donné à **al-Azhar** et à rénover l'organisation judiciaire, Rashîd Ridâ, fondateur de la revue **al-Manâr**, préconisait un retour au **califat**, aboli en Turquie, et demandait la réouverture de la « porte de **l'ijtihâd** » pour permettre de modifier certains aspects du droit religieux ou **fiqh**. **V. salafiya.**

ISLÂM – « Soumission à Dieu ». – Mais aussi « pratique religieuse » qui se distingue à la fois de l' « adhésion intérieure » ou **imân** et du « fait de bien agir » ou **ihsân**.

ISLAMISME – Terme qui était employé au XIXe siècle pour désigner l'islam en tant que religion et civilisation. – A pris récemment une nouvelle acception d'islam militant fondamentaliste, **traditionaliste** et prosélyte, ne reculant pas devant des actes de violence.

ISM – Appellatif de naissance, qui constitue un élément du **nom de personne**.

'ISMA – « Impeccabilité et infaillibilité » dont sont dotés les **imâms** d'ascendance **'alide** dans les systèmes **chiites** des **imamites** duodécimains et des **ismaéliens** septimains.

ISMAÉLIENS ou **ISMA'ILIENS** – Adeptes d'un **mouvement religieux** issu en 765 d'une scission, à l'intérieur du **chiisme imamite** et au moment du décès de l'**imâm Ja'far al-Sâdiq**. – Les ismaéliens se rallièrent à son fils **Ismâ'îl**, déjà décédé, et au fils de ce dernier **Muhammad** qui mettait fin à une lignée d'imams visibles arrêtée par eux au septième : d'où leur appellation de septimains. À la fin du IXe siècle apparut toutefois en Syrie un personnage nommé 'Ubayd Allah, qui se déclara descendant d'Ismâ'îl et son successeur, en prétendant au titre de **mahdi**, et qui fonda en Ifriqiya/Tunisie en 909 la dynastie des **Fatimides**. Vers la même époque, d'autres ismaéliens s'agitaient en Orient où ils animaient les soulèvements des **Qarmates**. – C'est seulement à la fin de l'époque fatimide que l'ismaélisme se ramifia en plusieurs branches dont certaines subsistent à l'époque actuelle. – Selon la doctrine de ces divers groupes, inspirée du néo-platonisme, Dieu donnait naissance tantôt à une Âme ou **nafs**, tantôt à un « intellect » ou **'aql** avec lequel l'**imâm** était en communication, demeurant ainsi le seul interprète de la Loi ou **sharî'a**. V. **druzes**, **musta'liens** et **nizaris**.

ISMÂ'ÎL – Ou Ismaël. Personnage biblique dont le **Coran** fait le fils d'**Ibrâhîm**/Abraham et de Hâjar/Agar, venu vivre à **La Mekke** où il aurait aidé son père à construire la **Ka'ba**. – Serait aussi, selon la plupart des commentateurs, le fils d'Ibrâhîm visé lors de l'épisode que commémorent les rites du jour du **sacrifice**.

ISMÂ'ÎL ibn JA'FAR – Le VIe **imâm** des **chiites ismaéliens**, qui était fils de **Ja'far al-Sâdiq**, de même d'ailleurs que **Mûsâ al-Kâzim** choisi comme VIIe imâm par les **imamites** duodécimains. – Mort en 762 avant son père, il avait été reconnu comme celui à qui succéderait, en tant que dernier imâm, son fils **Muhammad ibn Ismâ'îl**.

ISNÂD – « Chaîne de transmission » des traditions ou **hadîths**, qui est plus ou moins solide selon la réputation des transmetteurs successifs cités, à partir de **Muhammad**, jusqu'au savant contemporain. La méthode détermine la confiance qu'il est permis d'accorder à chaque texte ou **matn**.

ISRÂ' – Le « Voyage nocturne » que **Muhammad**, selon le texte du **Coran**, fit de la « Mosquée sacrée » ou **masjid al-harâm** – comprise par tous les commentateurs comme le sanctuaire de **La Mekke** – à la « Mosquée lointaine » ou **masjid al-aqsâ** – interprétée soit comme un sanctuaire céleste donnant l'idée d'une « ascension » au septième ciel, le **mi'râj**, soit comme le sanctuaire de **Jérusalem** qui fut ensuite ainsi dénommé. – Ce voyage fut fixé à la date du 27 **rajab** et son anniversaire célébré chaque année.

ISRAFÎL – **Ange** annonciateur du jour du Jugement ou **yawm al-dîn**, dont la trompette sonnera la **résurrection** des morts.

ISRÂ'ÎL – Autre nom du personnage biblique **Ya'qûb**/Jacob, mentionné par le **Coran** comme un **prophète**. V. **Banû Isrâ'îl**.

ISRÂ'ÎLIYÂT – Données d'origine hébraïque intégrées par les commentateurs dans l'explication ou **exégèse** du **Coran**.

ISTIGHFÂR – « Imploration du **pardon de Dieu** ». – Faite notamment au cours du **Pèlerinage** à **La Mekke**. – Présente aussi dans des invocations ou **du'â's** pratiquées dès les débuts de l'islam, qui ont rencontré une faveur accrue lors du développement du **soufisme**. V. **faute, Ghaffâr (al-), hajj** et **'umra**.

ISTISHÂB – « Liaison ». – Principe utilisé dans le droit religieux ou **fiqh**, selon lequel un état de fait continue à exister tant que le contraire n'est pas prouvé. Notion secondaire, propre à l'**école juridique** du **chaféisme**.

ISTIHSÂN – « Recherche de la solution la meilleure ». – Désigne spécialement la méthode suivie par les adeptes de l'**école juridique** du **hanafisme**, pour résoudre les problèmes pratiques posés par l'application de la Loi ou **sharî'a**.

ISTISLÂH – Principe utilisé dans le droit religieux ou **fiqh**, qui consiste à « prendre en considération l'intérêt général ou **maslaha** ». Méthode suivie de préférence par les adeptes de l'**école juridique** du **malikisme** pour résoudre les problèmes pratiques posés par l'application de la Loi ou **sharî'a**.

ISTINBÂT – Dans une perspective de justification de l'ésotérisme, « effort d'approfondissement du sens » du **Coran** conduisant à la recherche du « sens caché » ou **bâtin** grâce à une forme d'**exégèse**, le **ta'wîl**.

ISTI'RÂD – « Élimination des croyants pécheurs ». – Pratique préconisée par les **kharijites** extrémistes, connus sous le nom d'**azrakites**, et abandonnée par les **ibadites** et autres branches modérées.

ISTITÂ'A – Dans le vocabulaire philosophique, « capacité à agir librement ». Les **mu'tazilites** ont notamment affirmé, pour défendre le **libre arbitre**, que l'homme a la « capacité d'obéir ou non » avant d'agir *(qabla l-fi'l)*.

ITHM – « Faute grave » que Dieu ne pardonne pas. Elle n'est entraînée que par l'**associationnisme**.

I'TIKÂF – « Retraite pieuse dans une **mosquée** ».

I'TIZÂL – Le fait de « se tenir à l'écart ». – Attitude adoptée par les **mu'tazilites** lorsqu'ils s'écartèrent en refusant de se prononcer sur la situation du « musulman coupable » qui n'était dès lors ni vraiment croyant ni infidèle. – Thèse appelée de la « situation intermédiaire » ou **manzila bayna l-manzilatayn**.

ITTIHÂD – Dans le vocabulaire des **soufis**, « union mystique avec Dieu » provoquant l'**extase**.

ITTISÂL – Dans le vocabulaire mystique, « **extase** par rapprochement avec Dieu », mais sans « union » véritable.

IWÂN – Élément architectural, en forme de pièce voûtée fermée sur trois côtés et ouvrant sur le quatrième par un arc monumental, qui fut utilisé notamment, à partir du XIe siècle, dans les **mosquées** et **madrasas**. Contribuait à l'organisation interne, autour de la cour centrale, et jouait aussi le rôle de **portail** d'entrée.

— J —

JABAL al-RAHMA – « Mont de la miséricorde ». Éminence dominant la plaine de ʻArafât, au pied de laquelle les pèlerins font rituellement la « station » ou **wuqûf** du **hajj** et implorent le **pardon de Dieu**.

JABBÂR (al-) – « Le Fort ». Un des **Beaux noms de Dieu**.

JABR – « Contrainte ». – Terme technique, utilisé dans le droit religieux ou **fiqh**, s'appliquant en particulier à la contrainte que le père peut exercer sur sa fille impubère en lui imposant un **mariage** : cette disposition de la Loi ou **sharîʻa** vient d'être supprimée en Arabie Saoudite. – Désigne aussi, en matière théologique, la « contrainte divine » sur la volonté et l'action des hommes qui exclut leur **libre arbitre** selon l'opinion des **jabrites**. – S'applique enfin à un procédé de transformation des équations, témoignant de progrès accomplis dans la science **arithmétique** en milieu musulman médiéval. Est ainsi à l'origine du mot français « algèbre ». V. **ikrâh**.

JABRITES – Partisans d'un mouvement de pensée qui, dans les débuts de l'islam, fut en faveur auprès des gouvernants **omeyyades** et affirmait l'existence d'une « contrainte divine » ou **jabr** sur les actes humains. – Idées auxquelles s'opposaient les **qadarites** et qui furent reprises par le **traditionalisme** des **hanbalites**. V. **prédestination**.

JAʻFAR al-SÂDIQ – Le Ve **imâm** des **ismaéliens** septimains et VIe des **imamites** duodécimains, connu comme un transmetteur de Traditions ou **hadîth** qui fournissent un des fondements du droit religieux ou **fiqh** imamite, souvent appelé *jaʻfari*. – Mourut en 765 à **Médine** où il fut enterré et où son tombeau fut longtemps vénéré.

JAHANNAM – Une des appellations de l'**enfer**, que mentionne à maintes reprises le **Coran**. Vient du nom hébreu d'une vallée de **Jérusalem**. V. **damnés**, **nâr**, **saʻîr** et **saqar**.

JÂHILIYA – « Époque de l'ignorance », où l'islam n'était pas encore connu. – La **Kaʻba**, remplie d'idoles, existait alors et les rites du pèlerinage païen pratiqué à **La Mekke** furent en partie conservés par les rites du **hajj**.

JALÂL – « Majesté divine ». Célébrée par de nombreux **soufis**.

JALÎL (al-) – « Le Puissant ». Un des **Beaux noms de Dieu**.

JAMʻ – Terme mystique employé par les **soufis** pour désigner l' « union avec Dieu ». V. **ittihâd** et **ittisâl**.

JAMÂʻA – « **Communauté** des croyants ». Terme difficile à distinguer de **umma**. – Toutefois, selon certains auteurs, représenterait la « religion ancienne », la seule valable. V. **ahl al-sunna wa-l-jamâʻa**.

JAMÂL – « Beauté divine ». Célébrée par de nombreux **soufis**.

JAMARÂT (al-) – Les « tas de pierre » de **Minâ**, sur lesquels les pèlerins du **hajj** doivent procéder à des **lapidations**, au jour du **sacrifice** et pendant les trois jours du **tashrîq**.

JÂMI' – Ou *al-masjid al-jâmi'*. Traduit par « grande-mosquée », mosquée à **minbar**, mosquée du **vendredi** et parfois mosquée-cathédrale. Désigne l'édifice monumental où se tient, le vendredi à midi, la Prière ou **salât** collective à laquelle tout musulman doit participer. – Le premier exemple rustique fut aménagé par **Muhammad** contre sa maison à **Médine** et transformé à l'époque **omeyyade**. Jusqu'au XIIIe siècle environ, il ne devait y avoir qu'un seul monument de ce type par localité. – Ensuite ces édifices se multiplièrent et, dans les quartiers périphériques, firent souvent partie de complexes architecturaux bâtis comme **fondations pieuses** où ils étaient accompagnés du **mausolée** de leur fondateur et entourés de divers bâtiments religieux d'intérêt public tels que collèges ou **madrasas**, bibliothèques, cantines pour les pauvres et hôpitaux ou **maristâns**. V. **cami**, **masjid** et **masjid-i jum'a**.

JANISSAIRES – Anciens **esclaves**-militaires, **affranchis** après avoir été recrutés dans les Balkans par le système du **devshirme**, dont le corps d'armée fut créé par le **sultan** ottoman Murat Ier au XIVe siècle.

JANNA – « Jardin ». – Terme généralement utilisé pour désigner le **paradis** dans le **Coran**. V. **élus**.

JÂRIYA – Jeune **femme**, généralement **esclave**. D'où le sens de « **concubine** », puisque la Loi ou **sharî'a** permettait à l'homme marié d'avoir des esclaves comme concubines. V. **umm al-walad**.

JAWHAR – Litt. « joyau ». Dans le langage philosophique, « substance ».

JAWHAR al-FARD (al-) – « Atome » susceptible de recevoir un « accident » ou **'arad** qui le fait exister, selon la théorie de certains théologiens **mutakallimûn**. V. **atomisme**.

JAZÂ'IR al-ARD – « Îles ». Nom donné par les **chiites ismaéliens** aux régions où leur doctrine est répandue.

JÉRUSALEM – Ou al-Quds, devenue la troisième ville sainte de l'islam. – Conquise en 638 et appelée alors *Bayt al-maqdis*, « Maison de la sainteté », par emprunt à l'araméen « Maison du temple », tandis que le nom *Ilyâ*, dérivé de *Aelia*, disparaissait peu à peu. Mu'âwiya, premier **calife omeyyade**, y aurait été proclamé en 660. – Les musulmans avaient pris possession de l'esplanade ruinée du Temple juif, voulant ainsi recueillir l'héritage des deux grandes religions monothéistes que l'islam venait supplanter : d'où les traditions de la Prière rituelle ou **salât** du calife **'Umar**, du Voyage nocturne ou **isrâ'** de **Muhammad** et de son Ascension ou **mi'râj** rattachée au « rocher » central ; furent édifiés, au temps du calife omeyyade 'Abd al-Malik (685-705), le **masjid al-Aqsâ** et la **coupole du Rocher**. En 1009, le calife **fatimide** al-Hâkim fit détruire l'église du Saint-Sépulcre, qu'il laissa ensuite reconstruire. – La ville elle-même, prise en 1099 par les « Francs » qui en firent le centre du Royaume latin de Jérusalem jusqu'à sa reconquête musulmane en 1187, fut rendue provisoirement aux chrétiens de 1229 à 1244 avant de se trouver de nouveau sous la domination de l'islam. – Lors du partage de la Palestine décidé par l'ONU en 1947, la partie « arabe » de Jérusalem, comprenant la Vieille Ville, était restée rattachée à la Cisjordanie ; elle fut occupée à partir de 1967 par l'État d'Israël qui laissa au culte musulman l'ancienne esplanade du Temple et ses deux sanctuaires islamiques.

JEUX de HASARD – Mentionnés par le Coran. V. **maysir** et **qimar**.

JEÛNE – V. **sawm**.

JIBRÎL – Ou Gabriel. **Ange** envoyé à **Muhammad** pour lui transmettre les versets du **Coran**.

JIHÂD – « Lutte », au sens originel. – Désigna d'abord, dans les traités de droit religieux ou **fiqh**, l' « effort de guerre » devant être entrepris contre les infidèles ou **kâfirs**, au nom de la Loi ou **sharî'a**, pour faire triompher la vraie religion. D'où le sens de « guerre légale », plutôt que « guerre sainte », décidée par le chef de la **communauté**, c'est-à-dire par un **calife** qui gouverne réellement ou par l'un de ses représentants, l'**émir** ou, plus tard, le **sultan**. – C'est donc un « devoir collectif » ou **fard kifâya** et non individuel, destiné à assurer l'expansion de l'islam en tant que religion universaliste et instituant un état de guerre permanent avec les territoires non musulmans appelés **dâr al-harb**, envers lesquels seule une forme de trêve ou **hudna**, et non une paix durable, peut être consentie. – Explique les diverses entreprises guerrières ayant assuré l'extension du monde musulman, à partir de la victoire ou **fath** de **Muhammad** sur les habitants de **La Mekke** qui suivit ses diverses **batailles** et expéditions ou **maghâzi**, et lors des grandes **conquêtes** qui se déroulèrent aussitôt après sa mort. – Plus ou moins régulièrement observé par la suite, n'a plus été décrété officiellement depuis 1914, mais est souvent entrepris à l'époque contemporaine par des groupes de combattants indépendants. – À partir du Xe siècle, certains auteurs avaient infléchi le sens du terme en y voyant seulement un combat défensif (par exemple contre les Francs et les Mongols) ou un combat contre l'**hérésie**. – Les **soufis** sont allés jusqu'à l'interpréter comme un combat contre les passions. D'où les expressions *jihâd majeur* pour l'effort intérieur et *jihâd mineur* pour l'effort guerrier. V. **ghâzi**, **mujâhada** et **mujâhid**.

JIZYA – « Taxe » imposée selon le **Coran** aux « gens du Livre » ou « détenteurs de l'Écriture », les **ahl al-kitâb**. – Devenue par la suite l'impôt de capitation, exigé de chaque non-musulman et distinct de l'impôt foncier ou **kharâj**. – Tombée en désuétude. V. **dhimmi**.

JUGE – V. **cadi** et **hâkim**.

JUGEMENT DERNIER – V. **sâ'a** et **yawm al-dîn**.

JUIFS – V. **Banû Isrâ'îl** et **yahûd**.

JUM'A – **Vendredi**. Le jour de la Prière ou **salât** collective dans la grande-mosquée ou **jâmi'**. V. **masjid-i jum'a**.

JUMÂDÂ I et II – Cinquième et sixième mois lunaires de l'année **hégirienne**.

JUND – « Armée », qui concourut à l'expansion de l'islam. – Lors des grandes **conquêtes**, elle était composée uniquement d'**Arabes** musulmans qui furent installés dans des circonscriptions administratives appelées aussi *jund*. – Le terme ainsi que d'autres comme *jaysh* s'est appliqué ensuite à l'ensemble de l'armée qui a subi des transformations importantes au cours des siècles, finissant par comprendre surtout des mercenaires et **esclaves**-militaires d'origine étrangère, auxquels s'ajoutaient les volontaires du **jihâd** ou **ghâzis**. V. **esclavons, fatâ, ghulâm, janissaires, mamlouks** et **mamlûk**.

JURIDIQUES (écoles) – V. **écoles juridiques**.

JURISTE – V. **faqîh**.

JUSTICE – En arabe **'adl**. – Notion qui n'apparaît pas dans la théorie du droit religieux ou **fiqh**, alors que sa pratique est garantie par le souverain ou son représentant, le **cadi**, en fonction de la Loi ou **sharî'a**. – En tant que vertu, elle figure dans les traités de morale ou **akhlâq** imprégnés d'aristotélisme. V. **dâr al-'adl, mahkama** et **mazâlim**.

JUZ' – « Partie » d'un ouvrage. – Plus particulièrement, une des trente parties qui ont été découpées dans le **Coran** pour sa mémorisation, sans tenir compte de sa division préalable en **sourates** et versets ou **ayât** numérotés lors de la recension et de l'étude du texte.

— K —

KA'BA – Édifice qui constitue l'élément essentiel et central du sanctuaire de **La Mekke**. – Construction de forme cubique, ayant 15 m de haut et de côté, antérieure à l'islam et devenue, à l'initiative de **Muhammad**, le pôle vers lequel tous les musulmans se tournent pour la Prière rituelle ou **salât** et le point vers lequel convergent ceux qui accomplissent le **Pèlerinage**. – Appelée **bayt Allâh**, « maison de Dieu », elle aurait été, selon le **Coran**, bâtie par **Ibrâhîm**/Abraham en compagnie de son fils **Ismâ'îl**/Ismaël ; d'où le **maqâm** d'Ibrâhîm. Divers autres emplacements sont offerts aux invocations ou **du'âs** des pèlerins, parmi lesquels le **mustajâr**, le **multazam**, le **hijr**, le **mîzâb**, la **Pierre noire** et, non loin de là, la source de **Zamzam**. – Autour est aménagé un espace pavé circulaire ou *matâf* permettant d'effectuer les tournées rituelles de « circumambulation » ou **tawâf**. L'esplanade elle-même, entièrement remaniée aujourd'hui, avait été entourée par le **calife omeyyade** al-Walîd Ier de portiques ou **riwâq** déterminant les limites de la « Mosquée sacrée » ou **al-masjid al-harâm** au cœur du « territoire sacré » ou **Haram**. V. **kiswa** et **Lieux saints**.

KABBARA – Action de prononcer la formule **Allah akbar**.

KABÎRA, pl. **KABÂ'IR** – « Faute grave ». V. **ithm**.

KAFFÂRA – Dans le langage du droit religieux ou **fiqh**, « expiation » accomplie en cas de manquements aux règles, lors du **hajj** ou bien du jeûne ou **sawm**.

KÂFIR, pl. **KÂFIRÛN, KUFFÂR** et **KAFARA** – « Infidèle, incroyant, mécréant » ou encore « païen, idolâtre ». Est ainsi appelé quiconque n'adhère pas à l'islam ou bien s'en sépare en commettant la seule **faute** grave reconnue qui est l'**associationnisme**. – La pratique du **jihâd** est requise contre ces ennemis par excellence, qui sont réduits en **esclavage** s'ils ne se convertissent pas ; mais parmi eux les chrétiens et juifs, rangés dans la catégorie des **ahl al-kitâb**, peuvent demander à bénéficier du statut de **dhimmi**. – Les musulmans pêcheurs ont parfois été appelés « infidèles », notamment par les **kharijites**, ainsi que les adeptes de **mouvements politico-religieux** à doctrines déviationnistes que l'on accusait d'**hérésie** ou **ilhâd**. V. **bid'a** et **firqa**.

KAHF – « Caverne ». V. **ahl al-kahf**.

KALÂM – Litt. « discours ». Désigne la « théologie musulmane » qui est un discours sur Dieu, sa nature, ses **attributs**. – Démarche non admise par le **traditionalisme hanbalite** qui considère que Dieu est tel qu'il s'est décrit et qu'il est blâmable d'en discuter. V. **écoles théologiques**.

KALÂM ('ilm al-) – « Théologie dogmatique ». V. **kalâm** et **mutakallimûn**.

KALÂM ALLÂH – La « Parole de Dieu », c'est-à-dire le **Coran**. V. **attributs divins**, **Coran « créé »** et **Coran « incréé »**.

KALENDERS – V. **Qalandariya**.

KALÎM ALLÂH – « Celui qui parle à Dieu ». Appellation donnée à **Musâ**/Moïse d'après le texte du **Coran** : « Dieu a parlé à Moïse. »

KALIMA – « Parole » (de l'islam), c'est-à-dire la « religion de l'islam ». Synonyme de **dîn**.

KARÂMÂT – « Prodiges » attribués à un **saint** ou **walî**. V. **mu'jizât**.

KARBALA' – Localité d'Irak où fut tué l'**imâm 'alide** considéré par les **chiites** comme le plus célèbre martyr ou **shahîd**, **al-Husayn** fils de **'Ali**. Un **mausolée**, édifié sur sa **tombe** au Xe siècle et très visité, donna naissance à une ville importante.

KARRÂMIYA – Mouvement religieux tirant son nom d'Ibn Karrâm (m. 869), qui se répandit au Khorassan et au Proche-Orient. – Sa doctrine, qui tendait à encourager l'ascétisme ou **zuhd**, comportait aussi des positions théologiques originales s'efforçant de surmonter le conflit entre **chiisme** et **sunnisme**.

KASB – « Acquisition des actes ». V. **iktisâb**.

KASHF – Dans le langage mystique des **soufis**, « dévoilement » des vérités cachées. V. **mukâshafa**.

KATABA – « Écrire ». Verbe dont la racine a servi à former divers mots du vocabulaire musulman traditionnel. V. **kâtib**, **kitâb**, **kitâba**, **kuttâb**, **maktab**, **maktûb**.

KÂTIB, pl. **KUTTÂB** – « Scribe ou secrétaire » en général et, particulièrement, les secrétaires de l'administration centrale, dirigeant les services appelés **diwâns**, qui, à certaines époques, eurent d'importantes responsabilités de gouvernement. V. **vizir**.

KAYF, KAYFIYYA – Dans le langage philosophique et théologique, « modalité ». V. **bilâ kayf**.

KAZIMAYN (al-) – **Mazâr** et **mausolée chiite**, vénéré par les **imamites** duodécimains à **Bagdad**, où furent enterrés les VIIe et IXe **imams 'alides, Mûsâ al-Kazim** et **Muhammad al-Jawâd**. Son nom servit rapidement à désigner tout un quartier de la capitale **abbasside**.

KHABAR, pl. AKHBÂR – « Information, relation », selon une acception générale. – Plus particulièrement, « récits sur la vie de **Muhammad** ». – Désigne aussi, chez les **chiites**, les traditions ou **hadîths** remontant à leurs premiers **imams**, notamment à **Ja'far al-Sâdiq**.

KHABAR al-WÂHID – **Hadîth** transmis par un seul personnage, ce qui ne lui confère qu'une valeur relative. **V. isnâd.**

KHÂDIM al-HARAMAYN – Le « gardien des deux **Harams** ». **V. imâm al-haramayn** et **Lieux saints**.

KHADIR (al-) – Ou al-Khidr. Personnage généralement identifié avec le « serviteur de Dieu » accompagnant **Mûsâ**/Moïse dans une longue anecdote contée par le **Coran**. – En Orient, de nombreux petits sanctuaires, objets de visites pieuses ou **ziyâras**, furent attachés à son souvenir.

KHALAF – « Les modernes », par opposition à **salaf**, « les anciens ».

KHALÎFA – « Successeur ». – Terme qui fut transposé en français sous la forme **calife** après avoir été utilisé pour désigner les successeurs de **Muhammad** à la tête de l'État musulman. – Dans un sens plus général, peut aussi désigner le suppléant d'un **cadi** ou le successeur d'un fondateur de **confrérie**. **V. Dâwûd.**

KHALÎFAT ALLÂH – « Vicaire de Dieu ». Fonction attribuée par Dieu à **Adam** selon le **Coran**. – D'où l'utilisation de l'expression dans la titulature de souverains qui voulaient insister sur le caractère islamique de leur régime.

KHALÎL (al-), KHALÎL ALLÂH – « L'ami de Dieu ». Qualificatif d'**Ibrâhîm**/Abraham dans le **Coran**. D'où le nom actuel arabe de la ville d'**Hébron** et de son **Haram**.

KHALÎQ (al-) – « Le Créateur ». Un des **Beaux noms de Dieu**. **V. création.**

KHALWA – « Lieu de retraite », pour un **soufi** pratiquant l'ascétisme ou **zuhd**.

KHALWATIYA – **Confrérie soufie** tirant son nom du mystique 'Umar al-Khalwati (m. 1397), qui apparut dans le Caucase et se répandit en Anatolie ainsi que dans les Balkans.

KHAMR – **V. vin.**

KHÂN – En turc *han*. « Entrepôt urbain ou caravansérail isolé ». – Terme qui vint en Orient supplanter celui de **qaysariya** et s'employait à l'époque ottomane en même temps que *bedesten*, tandis qu'en Iran prévalait toutefois **ribât**. – Les bâtiments, dus parfois à des souverains, assuraient au monde musulman une prospérité économique que la Loi ou **sharî'a** contribuait à réglementer. En dehors des villes, ils jalonnaient les routes caravanières, y compris celles du **Pèlerinage**. **V. darb al-hajj.**

KHANDAQ (bataille du) – Ou « bataille du Fossé ». Engagement qui mit aux prises en 627 les habitants de **Médine**, commandés par **Muhammad**, et des combattants venus de **La Mekke** pour envahir leur cité. – Le retrait des attaquants, qui fut un grand succès pour les musulmans, tint à la précaution qui avait été prise d'établir un fossé de protection, sur le conseil du persan Salmân.

KHÂNQÂH – V. couvent.

KHARÂJ – « Impôt foncier » lourd, prélevé sur les **terres** prises au moment des **conquêtes** et plus important que l'Aumône légale ou **zakât** versée par les musulmans. – Continua, en vertu de décisions prises par les **califes omeyyades**, à peser sur les propriétaires assujettis, même après leur **conversion** à l'islam, et fut considéré comme un loyer sur une terre devenue propriété des musulmans. – Par la suite, les terres concernées furent en partie octroyées à des dignitaires ou à des chefs militaires à titre de domaines ou **iqtâ'**, ne devant payer dès lors qu'une **dîme** justifiée comme l'équivalent de la zakât. V. quint.

KHARIJITES – Partisans de **'Ali** qui l'abandonnèrent en 657, lorsqu'il eut accepté, après la bataille de **Siffîn**, que le problème du **califat** fût réglé par l'arbitrage d'**Adhruh**, et qui fondèrent leur propre **mouvement politico-religieux**. – Très rigoristes, ils estimaient que le musulman coupable de **fautes** doit être exclu de la **communauté** ou même éliminé. Considéraient d'autre part que le chef ou **imâm** de cette communauté, c'est-à-dire le **calife**, devait être choisi comme étant le meilleur, sans distinction de race ni de **tribu**, proposition allant à l'encontre de la règle observée jusque-là selon laquelle il devait être **qoreïchite**. – Se divisèrent en plusieurs branches dont l'une subsiste au Maghreb sous le nom de **Mozabites**, tandis que d'autres dominent en Oman. V. **azrakites, ibadites, isti'râd, khurûj, najâdât** et **soufrites**.

KHÂSI – V. eunuques.

KHÂTAM al-ANBIYÂ' – Ou « sceau des **prophètes** ». Appellation décernée à **Muhammad** pour souligner sa position à la fin de la longue série de prophètes que mentionne le **Coran**.

KHATÎB – « Prédicateur officiel » à la grande-mosquée ou **jâmi'**. V. **khutba** et **minbar**.

KHATM – Terme technique désignant la « récitation complète » de textes tels que le **Coran** ou un recueil de **hadîths**.

KHATT – V. arabe (écriture).

KHAYBAR – Oasis d'Arabie, située au nord de **Médine** et peuplée de **tribus juives**, qui fut prise par **Muhammad** en 628. – Les **terres** cultivées par les habitants leur furent laissées à condition qu'ils livrassent la moitié de leur production. Sur cet exemple s'appuie la théorie de la **jizya**. – En 642, les juifs de Khaybar, comme tous ceux qui habitaient encore en Arabie, furent expulsés. V. **Najrân**.

KHIDR (al-) – V. al-Khadir.

KHIRQA – Nom arabe de la « robe de laine rapiécée » que portaient les **soufis**. Le nouveau membre d'une **confrérie** la recevait à la fin de son initiation.

KHITÂN – V. **circoncision**.

KHIYÂR – Dans le langage du droit religieux ou **fiqh**, « option » ou choix laissé à l'une des parties d'un contrat d'y renoncer tant que les discussions n'ont pas pris fin. V. **bay'** et **ikhtiyâr**.

KHIZÂNA – « Bibliothèque ». Surtout celles dont disposaient les étudiants ou **tâlibs** des **madrasas** et qui contenaient presque exclusivement des ouvrages en **sciences religieuses**, constitués **waqf** à leur profit.

KHODJAS – Nom local porté par des **chiites** installés dans l'Inde occidentale et descendant des néo-ismaéliens ou **nizaris**.

KHURÛJ – « Sortie » ou « révolte ». – Se retrouve dans le nom du **mouvement politico-religieux** des **kharijites**, les « sortants » ou les « révoltés ».

KHUMS – Dans un sens technique. V. **quint**.

KHUTBA – « Allocution rituelle » prononcée sur le **minbar**. Précède la Prière ou **salât** collective solennelle du **vendredi** comme une harangue à la fois politique et religieuse. – Comporte toujours une formule d'invocation en faveur du chef de la **communauté, calife** ou, plus tard, **sultan** ou **émir**. Au Moyen Âge cette mention équivalait à la reconnaissance, par un prince local, de l'autorité de son suzerain, et son omission était considérée comme un acte d'indépendance ou de rébellion. V. **jâmi'** et **khatîb**.

KISMET – Terme turc venu de l'arabe *qisma* et ayant eu à l'époque ottomane le sens de **maktûb**, « c'était écrit ». – Est passé dans le langage populaire. V. **prédestination**.

KISWA – Voile de soie recouvrant la **Ka'ba**, orné d'**inscriptions** pieuses et renouvelé chaque année. – Actuellement confectionné à **La Mekke**, il était jadis envoyé par le souverain qui étendait son pouvoir et sa protection sur les **Lieux saints**, longtemps le **calife abbasside**.

KITÂB – « Livre, écrit, rôle ». – Désigne, dans le **Coran**, le rôle des bonnes et mauvaises actions de chaque homme, qui sera déroulé devant lui le jour du Jugement ou **yawm al-dîn**. – Désigne aussi, toujours dans le Coran, les livres des juifs et des chrétiens appelés les « gens du Livre » ou **ahl al-kitâb**. – Plus tard, terme utilisé pour le « livre » par excellence, c'est-à-dire le Coran, également désigné par le terme **mushâf**. V. **qayyim al-kitâb**.

KITÂBA – Dans le vocabulaire du droit religieux ou **fiqh**, acte d'**affranchissement** d'un **esclave** qui achète sa liberté en s'engageant à verser à son maître une somme convenue.

KUBRAWIYA – **Confrérie soufie** fondée par Najm al-dîn Kubrâ (m. 1221), qui se répandit surtout en Asie centrale.

KÜÇÜK BAYRAM – Nom turc de la « petite **fête** » du **'îd al-saghîr**, à la fin du Jeûne ou **sawm** de **ramadân**. V. **büyük bayram**.

KUFR – « Impiété, infidélité, incroyance ». **V. kâfir.**

KUNÛT – « Invocation » pouvant être récitée au cours de la Prière rituelle ou **salât**. Souvent synonyme de **du'â'**.

KUNYA – Partie initiale du **nom de personne** masculin ou féminin, qui se compose soit de l'élément **Abû** ou Abou, « père de », soit de l'élément **Umm** ou Oum, « mère de », suivis des noms réels ou supposés d'un fils ou d'une fille. – Il est recommandé de s'adresser à quelqu'un en l'appelant par sa kunya. **V. bienséance.**

KURSÎ – « Siège ou trône de Dieu » mentionné dans un verset **coranique**, appelé « verset du Trône » ou *âyat al-kursî*, qui jouit d'un prestige particulier et figure dans nombre d'**inscriptions** anciennes. – Désigne aussi le pupitre sur lequel on pose, dans les **mosquées**, l'exemplaire du **Coran** que psalmodie un lecteur. **V. 'arsh.**

KUTTÂB, pl. **KATÂTÎB** – Ou parfois *maktab*. « École élémentaire » où les enfants apprennent à lire et à écrire en utilisant le texte du **Coran**. – On l'appelle parfois à tort « école coranique », alors que l'enseignement des sciences coraniques est dispensé dans les **madrasas**.

— L —

LABBAYKA – « Me voici, ô mon Dieu ». – Formule récitée au cours du **Pèlerinage** à **La Mekke**, sur le chemin qui mène le pèlerin depuis l'un des **mîqât** du **Haram** jusqu'à la vue de la **Ka'ba**, quand il s'agit d'une **'umra**, et jusqu'à la plaine de **'Arafât**, quand il s'agit d'un **hajj**.

LAFZ – « Prononciation », notamment dans l'expression *al-lafz bi-l-Qur'ân* ou « la prononciation du **Coran** ». – Pour résoudre le problème du **Coran** « incréé » ou « créé », certains auteurs, tel al-Ghazali (m. 1111), ont considéré sa prononciation comme une création humaine, tandis que le texte lui-même restait incréé.

LÂHÛT – Le « monde de la divinité ». **V. malakût.**

LA'NA – « Malédiction ». – Notamment la malédiction divine dont le **Coran** menace, entre autres, les infidèles ou **kâfirs**, les coupables de **fraude** et les menteurs. **V. li'ân.**

LANGUE ARABE – Ou *lugha*. **V. arabe (langue).**

LAPIDATION – Prévue comme sanction de la fornication ou **zinâ** par une peine légale ou **hadd**. Encore appliquée là où la **sharî'a** est strictement observée. – Il existe par ailleurs une lapidation rituelle pratiquée, au cours du **hajj**, sur les « tas de pierres » ou **jamarât** de **Minâ**, le jour du **sacrifice** et aux jours du **tashrîq**. Ces *jamarât* représentent le **Shaytân**, **al-rajîm** ou **Iblîs**.

LAQAB – « Surnom » souvent honorifique, mais aussi « sobriquet », qui font partie des **noms de personne**. – Usage surtout développé pour désigner, soit les souverains dont le **laqab** constituait le nom de règne, soit les **émirs, oulémas** et autres dignitaires pour qui il était souvent formé sur les termes **dawla** (Sayf al-dawla par exemple) ou **dîn** (Nûr al-dîn). – À cet appellatif s'ajoutaient de multiples éléments de titulature.

LATÎF (al-) – « Le Bienveillant ». Un des **Beaux noms de Dieu**.

LAWH al-MAHFÛZ (al-) – La « table bien gardée ». – Expression du **Coran** pour désigner le texte éternel où serait conservé l'ensemble de la révélation divine ou, plus généralement, qui contiendrait toutes les connaissances.

LAYLAT al-BARÂ'A – Nuit, au nom difficile à interpréter, au cours de laquelle serait décidé le destin de chaque homme pour l'année à venir. Elle est célébrée le 15 du mois de **sha'bân**, surtout en Iran, Inde et Turquie.

LAYLAT al-QADAR – « Nuit du destin ». Nuit du 27 **ramadân**, marquant l'anniversaire de la première révélation faite à **Muhammad**. – Selon la croyance populaire y est fixé chaque année le destin de chaque homme. C'est l'occasion d'une Prière rituelle ou **salât** particulièrement suivie.

LECTURES CORANIQUES – Le texte du **Coran**, recensé sous le **calife** 'Uthmân vers 650, permettait des « lectures » ou *qira'ât* parfois variées, parce qu'il ne comportait ni points diacritiques (permettant de distinguer certaines consonnes), ni signes vocaliques. – Au Xe siècle, selon la tradition, on définit les sept « lectures », dues à sept professeurs de Coran du VIIIe siècle, qui devaient avoir désormais autorité. – À l'époque actuelle on n'en utilise plus que deux, celle de 'Asim en Égypte et celle de Nâfi' en Afrique, qui se sont substituées à celles d'Abû 'Amr, Hamza, Ibn 'Âmir, Ibn Kathîr et al-Kisâ'i. – Les **chiites** adoptent une « lecture » différente permettant de défendre les droits de **'Ali** au pouvoir. V. **Ibn Mujâhid** et **qâri'**.

LI'ÂN – Dans le langage du droit religieux ou **fiqh**, « **serment** d'anathème » permettant à un mari de refuser la paternité d'un enfant. – Survivance de l'époque préislamique, maintenue à l'initiative des juristes ou **faqîhs**, mais rarement pratiquée. V. **la'na**.

LIBRE ARBITRE – Notion introduite d'abord par l'opposition des **qadarites** à une omnipotence du « décret divin » ou **qadar** que les **jabrites** défendaient sous les **Omeyyades**. – Les **mu'tazilites** affirmèrent ensuite l'existence chez l'homme d'un acte volontaire lui donnant la possibilité de faire le **bien** ou le **mal**. – Plus tard les **acharites** admirent eux aussi le libre arbitre, mais en le justifiant d'une manière différente, par la théorie de l'**iktisâb**.

LIBRE CHOIX – Du **calife** par la communauté. V. **ikhtiyâr**.

LICITE – Un des qualificatifs juridiques des actes humains. V. **halâl**.

LIEUX SAINTS de l'ISLAM – « Les Territoires sacrés ou **Harams** de **La Mekke** et **Médine** », désignés dès le Moyen Âge par l'expression « les deux Harams » encore en usage aujourd'hui. – Le titre *khâdim al-haramayn* ou « gardien des deux Harams » revient depuis 1924 au souverain de l'Arabie Saoudite, chargé de l'entretien des sanctuaires ainsi que de l'organisation annuelle du **hajj**. V. **imâm al-haramayn.**

LITANIE – V. **dhikr.**

LITHÂM – Voile utilisé par les bédouins. – Devenu à l'époque moderne l'un des attributs du **saint**.

LITTÉRALISME – Tendance fort active dans l'islam où elle a animé l'**exégèse** du **Coran**, notamment dans les milieux **hanbalites** puis **wahhabites**, en allant parfois jusqu'aux excès de ce qui a été considéré comme de l'anthropomorphisme ou **tashbîh.**

LIVRE, LIVRE (GENS du) – V. **ahl al-kitâb, kitâb** et **mushaf.**

LOGIQUE – Discipline philosophique. V. **mantîq.**

LOI RELIGIEUSE – V. **sharî'a.**

LOUANGE, LOUANGE à DIEU – V. **doxologies, al-hamdu li-llâh, madh** et **manâqib.**

LUGHA – V. **arabe (langue).**

LUMIÈRE – V. **nûr.**

LUMINAIRES – Recherchés lors des célébrations du culte, officiel ou populaire, et abondamment utilisés au Moyen Âge sous forme de cierges volumineux – en arabe, *shama'* pl. *sham'* –, flambeaux ou torchères dites *mash'al*, lustres et lampes à huile, surtout appelés *qandîl* ou *misbâh*. D'où l'art déployé pour réaliser des supports en bronze travaillé et maîtriser les techniques du verre émaillé jouant avec la lumière ou **nûr.**

LUNE – Un des « signes de Dieu » ou **âyât** selon le **Coran**. – Le mouvement de la lune était à la base du **calendrier** des **Arabes** avant l'islam, qui fut adopté avec quelques modifications par **Muhammad** y supprimant les jours intercalaires. V. **croissant de lune, salât al-kusûf** et **soleil.**

LUQMÂN – Personnage mentionné par le **Coran** pour sa sagesse, dont les aphorismes étaient connus de l'ancienne poésie arabe. Pour certains, il fut rangé ensuite parmi les **prophètes.**

LÛT – Ou Loth. Personnage biblique, mentionné par le **Coran** comme un **prophète**. – Son histoire est liée à l'évocation du châtiment divin ou **'adhâb** qui détruisit la « cité perverse » identifiée avec Sodome.

LUTF – « Bonté ou aide divine ». V. **Latîf (al-).**

— **M** —

MABÎT – « Lieu où l'on passe la nuit » au cours des rites du **hajj** à la **Mekke**, notamment sur le site d'**al-Muzdalifa.**

MADH – Texte écrit à la « louange » d'un **saint**. V. **manâqib.**

MA'DHANA – Emplacement élevé d'où l'on proclame l'**adhân**, c'est-à-dire l' « appel » à la Prière rituelle ou **salât**. D'où **minaret**.

MADHHAB, pl. **MADHÂHIB** – Litt. « chemin, voie ». Dans un sens technique, **école juridique**.

MADÎNA – « Ville » en général. – Auparavant « lieu de juridiction ». Le terme fut d'abord appliqué à la localité de Yathrib où **Muhammad**, après l'**hégire**, avait été accueilli comme arbitre entre les divers éléments de la population. – Il désigna ensuite, dans le monde de l'islam, toute localité où se trouvent des agents de l'autorité, **cadi, muhtasib** et **préfet de police. V. madînat al-nabî.**

MADÎNAT al-NABI – Appellation appliquée à la localité de Yathrib devenue dès lors la « ville du prophète » ou **Médine**.

MADÎNAT al-SALÂM – « Ville du salut ». Nom de **Bagdad**. V. **salâm.**

MADRASA, pl. **MADÂRIS** – En turc, *medrese,* et en parler maghrébin, *médersa.* « Établissement consacré à l'enseignement du droit religieux ou **fiqh** ». – Institution créée en Orient au XIe siècle, au temps des premiers **sultans** seljoukides, sous forme de fondations privées dues aux principaux membres du gouvernement et pourvues d'un **waqf** dont les revenus permettaient l'entretien du bâtiment, la rémunération des professeurs nommés par le fondateur ainsi que parfois l'accueil gratuit des étudiants ou **tâlibs** qui y étaient logés et nourris. – Chaque madrasa dépendait d'une **école juridique** déterminée, les deux premières, fondées à **Bagdad** par le vizir Nizâm al-mulk et par le trésorier, étant rattachées aux écoles **chaféite** et **hanafite**. – Se répandirent ensuite dans tout l'Orient entre le XIe et le XIIIe siècle, puis également au Maghreb. – Un de leurs buts anciens fut de défendre le **sunnisme** contre le **chiisme** qui était alors encore représenté par le régime **fatimide** en Égypte ainsi que par divers **mouvements politico-religieux** en Syrie, Iran et Arabie. Mais elles permettaient aussi aux **émirs** turcs d'obtenir l'appui des **oulémas** qui y enseignaient.

MAGHÂZI – « Expéditions guerrières » dirigées par **Muhammad** après l'**hégire**, depuis qu'il était chef de la **communauté** et de l'État musulmans sis à **Médine**. Leurs récits furent rassemblés plus tard dans des ouvrages de ce titre. **V. batailles** et **fath**.

MAGHRIB (salât al-) – « Prière du coucher du soleil ». Quatrième Prière rituelle quotidienne parmi les cinq obligatoires. Prend place aussitôt après la disparition du disque solaire à l'horizon. **V. salât.**

MAGIE – En arabe, *sihr*. Désigne une magie naturelle, permise par les spécialistes du droit religieux ou **fiqh**, et une magie démoniaque condamnée. – Les pratiques autorisées, qui ont recueilli un héritage antique, ont surtout développé l'usage d'amulettes, talismans et autres objets pourvus d'**inscriptions** destinées à protéger. Y sont utilisées à la fois des formules ésotériques à base d'**écriture arabe** ou de chiffres et des copies de versets du **Coran**. Se retrouvent dans des superstitions populaires qui recherchent la **baraka** contre le mauvais œil.

MAGISTÈRE DOCTRINAL – N'existe pas vraiment en islam. – Au **calife** seul, quand il y en avait un, revenait la charge d'éviter toute innovation ou **bid'a**. Il est arrivé que le calife veuille imposer une doctrine non enseignée auparavant, mais il s'est alors heurté à une opposition des **oulémas** qui se considèrent, eux aussi, comme dépositaires de la vérité. D'où, au IXe siècle par exemple, la **mihna**, l' « épreuve » ou « inquisition », subie par les **traditionalistes** qui s'opposaient au calife **mu'tazilite** al-Ma'mûn. – Depuis la disparition du califat on s'est contenté de recourir à l'occasion, dans chaque État sunnite, aux avis d'un grand **mufti**, lesquels ne sont pas autoritatifs.

MAHABBA – « **Amour** ». – Un passage du **Coran** est la base de la doctrine **soufie** de l'amour réciproque de Dieu et du **croyant**. V. hubb, 'ishq et mahbûbiya.

MAHBÛBIYA – Dans le vocabulaire du **soufisme**, « le fait d'atteindre au rang d'aimé de Dieu » ou *mahbûb*. – D'où les titres qui furent portés par de grands maîtres mystiques et qui accolaient à *mahbûb* un des **Beaux noms de Dieu**. V. amour, hubb, 'ishq et mahabba.

MAHDI (al-) – Le « bien guidé ». – Nom donné au personnage qui viendra à la fin du monde restaurer la religion, après avoir combattu le **Dajjâl** ou Antéchrist. – Historiquement, on constate que ce nom fut donné à divers sauveurs réformateurs, par exemple : – au troisième **calife abbasside** al-Mahdi (m. 785), – à des **imams chiites**, tel le XIIe imam des **imamites** duodécimains, entré en occultation en 874, **Muhammad al-Muntazar**, – à l'imam « caché » des chiites **ismaéliens**, qui se manifesta à la fin du IXe siècle et fonda la dynastie des **Fatimides**, – au fondateur du régime **almohade** Ibn Tûmart (m. en 1130), – à l'animateur du mouvement révolutionnaire qui apparut au Soudan à la fin du XIXe siècle, Muhammad al-Mahdi (m. 1885).

MAHDISME – Ou *mahdiya*. Terme employé pour désigner le mouvement révolutionnaire dirigé au Soudan en 1881 par Muhammad **al-Mahdi**.

MAHKAMA – « Tribunal » où le **cadi** juge les litiges survenant entre les particuliers et administre, par l'intermédiaire de la police ou **shurta**, des **peines** légales ou **hadd** aux coupables des délits définis par la Loi ou **sharî'a**. – À l'époque moderne, l'organisation judiciaire a été transformée dans la plupart des pays musulmans. Les tribunaux se sont diversifiés et ont été confiés à des magistrats spécialisés.

MAHMAL – « Palanquin » emblématique que les **califes**, puis les **sultans mamlouks**, envoyaient à **La Mekke** avec chaque caravane du **Pèlerinage** pour marquer leur souveraineté sur les **Lieux saints**. V. amîr al-hajj.

MAHOMET – V. Muhammad.

MAHR – « Dot » payée par le mari lors de la conclusion du **mariage**. V. naqd et sadâq.

MAIN de FATIMA – Bijou apprécié par la superstition populaire qui a le goût de la **magie**. – Représente une main découpée, en or ou en argent, et a pour fonction, comme d'autres talismans du même genre, de conjurer le mauvais œil.

MAJÂZ – « Sens figuré » de certains termes du **Coran**, concernant Dieu, sa main ou son **trône**, par exemple. – Adopté par les théologiens **mutakallimûn**, adversaires de l'anthropomorphisme ou **tashbîh**.

MAJLIS – « Séance ». Terme s'appliquant aussi bien – aux réunions d'études portant sur les diverses **sciences**, religieuses ou profanes, – aux assemblées des **soufis** – ou aux séances des **chiites** commémorant la mort d'**al-Husayn** le jour de l'**Achoura**. V. **hadra** et **samâ'**.

MAJNÛN – « Possédé, fou, dément ». – Se dit de certains **soufis** ayant volontairement adopté un comportement étrange.

MAJÛS – « Zoroastriens ». Bénéficiant, comme les « gens du Livre » ou **ahl al-kitâb**, du statut de **dhimmi**.

MAKHLÛQ – V. **Coran** « créé ».

MAKRÛH – Dans le langage du droit religieux ou **fiqh**, qualificatif désignant, parmi les actes humains ou **a'mâl**, ceux qui sont « répréhensibles, mais non interdits ». Contraire de **mandûb**. V. **hukm** et **munkar**.

MAKS, pl. **MUKÛS** – « Taxes » non prescrites par le **Coran**. N'en furent pas moins prélevées à certaines époques sur métiers et commerces.

MAKTAB – « École élémentaire », qui porte plus généralement le nom de **kuttâb**.

MAKTÛB – « C'était écrit. » Formule marquant la résignation devant un événement malheureux. V. **kismet**, **libre arbitre** et **prédestination**.

MAL (le) – Désigné de façon générale en arabe par le terme *su'* et envoyé par **Satan**. – Les théologiens **mutakallimûn** discutant d'autre part la question des actes humains ou **a'mâl** produits ou non par Dieu, on ignore quelle est la responsabilité de l'homme en fonction de son **libre arbitre**. – Du point de vue de la Loi ou **sharî'a**, deux degrés doivent être distingués : – ce qui est « interdit » ou **harâm** est sanctionné par une peine légale ou **hadd** – et ce qui est « répréhensible », **munkar** ou **makrûh**, est réprimé seulement par décision du **muhtasib**. V. **bien (le)**.

MALÂ'IKA – V. **anges**.

MALAKA – « Posséder ». Verbe dont la racine a servi à former des termes importants du vocabulaire. V. **malakût**, **malik**, **mamlouks**, **mamlûk**, **milk** et **mulk**.

MALAKÛT – Terme **coranique** désignant le « monde des réalités » intelligibles ou spirituelles selon l'interprétation choisie, – celle des **falâsifa** – ou celle des **soufis**.

MALÂMATIYA – Litt. « ceux qui pratiquent des actes blâmables » (de *malâma*, « blâme »). D'où « ceux qui préfèrent attirer sur eux le blâme plutôt que dévoiler leur haut degré de spiritualité ». – Plus précisément, certains **soufis** qui prétendent ne pas tenir compte des obligations rituelles imposées par la Loi ou **sharî'a**.

MALÉDICTION – V. **la'na**, **li'ân** et **mubâhala**.

MALIKISME – École **juridique** se réclamant de Malik ibn Anas (711-796) et de la pratique **médinoise** qui faisait grand cas de la Tradition ou **hadîth**. Accordait aussi une place à un effort de réflexion qui devait tenir compte de l' « intérêt général » ou **maslaha** et de sa « recherche » ou **istislâh** au moment de résoudre certains cas particuliers. – Se répandit surtout au Maghreb et dans l'Espagne musulmane tant que celle-ci survécut. Recula en Orient et même en Égypte devant la poussée du **chaféisme**. – Son principal auteur est Sahnûn (m. 854), qui vécut à Kairouan.

MAMLOUKS – Appellation francisée des anciens **esclaves**-militaires ou **mamlûks**, devenus **sultans**, qui régnèrent en Égypte de 1250 à 1517.

MAMLÛK – Litt. « celui que l'on possède ». D'où **« esclave »**. Plus particulièrement, « esclaves-militaires » qui étaient recrutés à partir du IXe siècle en Asie centrale par les **califes abbassides**, intégrés à l'armée ou **jund** et parfois **affranchis** tout en restant liés à ceux qui les avaient formés ou qui les commandaient directement. – Par la suite, les **sultans** continuèrent à recourir à des troupes ainsi constituées, qui jouèrent un rôle croissant dans les luttes internes comme dans les guerres extérieures. **V. esclavons, fatâ, ghulâm et Mamlouks.**

MA'NÂ, pl. **MA'ÂNI** – « Idée, signification ». – Terme qui est parfois appliqué, dans le langage théologique, aux **attributs** divins.

MANÂQIB – Ouvrages dédiés à la **louange** d'un **saint** ou d'un **cheikh** renommé.

MANÂR (al-) – « Le phare ». Nom d'un périodique fondé au **Caire** en 1899 par Rashîd Ridâ pour soutenir le mouvement réformiste ou **islâh**.

MANÂRA – Litt. « tour-lanterne ou phare » où brille une lumière. – Terme employé par la suite pour désigner un élément architectural devenu indispensable à la grande-mosquée ou **jâmi'**. Passé de l'arabe au turc, puis au français, sous la forme **minaret**.

MANÂSIK al-HAJJ – « Rites du grand **Pèlerinage** » ou **hajj**.

MANDÛB – Dans le langage du droit religieux ou **fiqh**, qualificatif désignant, parmi les actes humains ou **a'mâl**, ceux qui sont « recommandés, mais non obligatoires ». **V. hukm.**

MANFA'A – Dans le langage juridique, « usufruit ». Se dit de la jouissance de n'importe quel bien.

MANHAR – « Lieu du **sacrifice** » à **Minâ** près de **La Mekke**, où les pèlerins du **hajj** égorgent une victime ou **dhabîha**. **V. Ibrâhîm et 'îd al-kabîr (al-).**

MANSÛKH – « Verset **coranique** abrogé ». **V. abrogation.**

MANSÛR (al-) – « Le victorieux », grâce à Dieu et à son soutien ou *nasr*. Surnom honorifique adopté par plusieurs **califes** et souverains.

MANTEAU de MUHAMMAD – **V. ahl al-kisâ' et burda.**

MANTÎQ – « Logique », spécialement aristotélicienne. – Discipline héritée de l'Antiquité, qui fut pratiquée par les **falâsifa**, mais aussi par certains théologiens **mutakallimûn** ainsi que par des juristes ou **faqîhs**.

MANZIL, pl. **MANÂZIL** – Dans le langage mystique, « étapes » que parcourt l'âme du **soufi** pour se rapprocher de l'**extase**. **V. hâl** et **maqâma**.

MANZILA – « Situation ». Terme utilisé par les premiers **mu'tazilites** dans la formule *manzila baynal-manzilatayn* ou « situation intermédiaire », pour préciser que le croyant pécheur non repenti ne devait être ni exclu de la **communauté** comme le déclaraient les **kharijites**, ni bénéficiaire des droits réservés aux musulmans, mais se trouver « entre les deux ». **V. i'tizâl.**

MAQÂM – Litt. « lieu où l'on se tient debout ». Désigne un monument ou un emplacement marqué par le souvenir d'un ancien **prophète** et en ayant conservé trace : le plus souvent quelque empreinte dans un rocher devenue objet de « visites pieuses » ou **ziyâras**. – Le prophète à qui l'on attribue le plus grand nombre de maqâms, sur la route menant de Mésopotamie en Palestine, d'une part, et en Arabie, d'autre part, est **Ibrâhîm**/Abraham dont le maqâm à La Mekke correspond à la pierre sur laquelle il serait monté pour construire la **Ka'ba** avec son fils **Ismâ'îl**, selon le récit du **Coran**.

MAQÂM MAHMÛD – « Position louable », promise à **Muhammad** dans un verset du **Coran**. – Son interprétation par les **hanbalites**, pour qui elle consisterait à se tenir à côté de Dieu, suscita des polémiques de la part de penseurs de tendance **acharite**. **V. tashbîh.**

MAQÂMA, pl. **MAQÂMÂT** – Dans le langage mystique, « étapes » que parcourt l'âme du **soufi** pour se rapprocher de l'**extase**. **V. hâl** et **manzil**.

MAQSÛRA ou **MAKSOURA** – « Espace réservé » au souverain dans une grande-mosquée ou **jâmi'**. – Peut être marqué dans la structure architecturale de l'édifice, mais plus souvent signalé par un élément **mobilier** fait de grilles de bois ajourées et ornées.

MARABOUT – Au Maghreb, personnage réputé **saint** et petit sanctuaire. **V. murâbit** et **qubba.**

MARCHÉ – Élément essentiel de la ville, où doivent être observées les règles d'éthique **économique** et plus particulièrement commerciale formulées dans le **Coran** : par exemple faire « bonne mesure » et utiliser une « balance exacte ». À cela s'ajoute l'obligation de pratiquer le « juste prix », qui correspond au cours établi dans la ville. – L'application de ces règles est surveillée par le **muhtasib**. **V. bazar, mîzân, qaysariya** et **souk.**

MARIAGE – Repose sur un contrat conclu, devant deux témoins et éventuellement un **cadi**, entre un homme et une **femme** représentée, selon les règles de trois **écoles juridiques**, par un **tuteur** matrimonial. – Réglementé par le **Coran**, il implique le versement par le mari d'une dot ou **sadâq** qui peut être payée en plusieurs fois et qui reste la propriété de la femme. La cérémonie n'a pas d'implication **cultuelle**, mais il est « recommandé » de réciter à cette occasion des versets du Coran. – Le mari, qui doit entretenir sa femme et a autorité sur elle, en vertu d'un verset coranique, peut, selon le droit religieux ou **fiqh**, épouser quatre femmes qu'il doit traiter de façon équitable. Aujourd'hui la polygamie est souvent soumise à certaines restrictions, mais n'a été supprimée que dans deux pays, la Turquie et la Tunisie. – Au Moyen Âge, le mari pouvait prendre pour **concubines** les esclaves ou **jâriyas** qu'il désirait, ce qui, aujourd'hui, n'a plus officiellement de valeur. – Il existe trois possibilités de rupture des liens conjugaux : la **répudiation** unilatérale par le mari et deux formes de **divorce**. Une forme de mariage temporaire dit **mut'a** est admise par les **chiites**. V. **mahr, nafaqa** et **naqd.**

MA'RIFA – « Connaissance », avec des acceptions variant selon le contexte : – acte de connaissance, – dans le langage mystique, objet de connaissance et – connaissance intuitive qui mène à Dieu et engendre l'**amour**. – Les **soufis** sont souvent appelés *ahl al-ma'rifa,* « doués de la connaissance du monde spirituel ». V. **'ârif.**

MÂRISTÂN ou **BIMÂRISTÂN** – « Hôpital », dont le premier fut fondé à **Bagdad**, sur ordre du **calife** Hârûn al-Rashîd (786-809), par un médecin chrétien de Jundichapour en Iran où existait une fondation de ce genre due aux Sassanides. – D'autres suivirent, notamment au Xe siècle, dans la capitale et les grandes villes provinciales, tandis que le genre architectural prenait forme et s'illustrait à partir du XIIIe siècle grâce à la multiplication des **fondations pieuses.**

MARTHIYA – Poème funèbre commémorant, chez les **chiites**, la mort tragique d'al-**Husayn** à **Karbala'**. V. **Achoura'** et **ta'ziya.**

MA'RÛF – Le **bien** que doit ordonner le **muhtasib** et qui est aussi qualifié de « recommandé » ou **mandûb**. – N'y sont concernés que des comportements extérieurs touchant la vie **cultuelle** et sociale de la **communauté**, tels se rendre le **vendredi** à la Prière ou **salât**, observer le Jeûne ou **sawm** de **ramadân** et pratiquer sans **fraude** le commerce.

MARWA (al-) – Éminence proche de la **Ka'ba** à **La Mekke**, que le pèlerin doit gagner après le monticule d'**al-Safa**, puis en revenir, le tout à plusieurs reprises selon les rites de la course ou **sa'î.**

MARYAM bint 'IMRÂN – Marie, mère de **'Isa'**/Jésus et appelée « fille de **'Imrân** » dans la **sourate** du **Coran** qui porte son nom. – Mentionnée dans plusieurs passages qui reprennent partiellement les récits des Évangiles sur l'annonciation.

MASHHAD – Monument marquant « l'emplacement où un personnage a témoigné de son appartenance à l'islam », parfois en donnant sa vie. Ce terme s'applique – à la **tombe** d'un « martyr » ou **shahîd**, – à celles d'**imâms 'alides** victimes d'une mort violente et considérés par les **chiites** comme des « martyrs », – aux sanctuaires conservant le souvenir ou la tombe de quelque **prophète**, d'un **saint** ou encore de cheikhs et de personnages vertueux qui ne furent pas à proprement parler des martyrs.

MASHHAD ou **MECHED** – Localité de l'Iran oriental où fut enterré, en 817, le VIIIe imâm des **chiites imamites** duodécimains, **'Ali al-Ridâ**, mort mystérieusement après avoir été choisi par le **calife** al-Ma'mûn comme héritier présomptif. Son **mausolée** visité par les pèlerins, qui reçut l'appellation de **mashhad**, donna son nom à la ville qui se forma autour.

MASH'AR al-HARÂM (al-) – « Le lieu sacré des rites ». – Emplacement d'un sanctuaire à **al-Muzdalifa**, entre La Mekke et la plaine de **'Arafât**, où selon la Tradition se rencontrèrent **Adam** et **Hawwa**/Ève, et que les pèlerins visitent au cours du **hajj**.

MASHHÛR – « Bien connu ». Qualificatif d'une Tradition ou **hadîth** admise par un grand nombre de savants ou **oulémas**. V. **dâ'if, hasan** et **sahîh**.

MA'SIYA – « Faute grave, révolte, désobéissance ». V. **tâ'a**.

MASJID – Litt. « lieu du **sujûd** ou prosternation ». Puis « oratoire, mosquée ».

MASJID al-AQSÂ (al-) – La « Mosquée lointaine ». – Appellation arabe donnée d'abord à l'esplanade du Temple à **Jérusalem**, qui apparaît dans le verset du **Coran** faisant allusion au « Voyage nocturne » ou **isrâ'** de **Muhammad**. – Restreinte ensuite à la grande-mosquée ou **jâmi'** édifiée par les **califes omeyyades** 'Abd al-Malik et al-Walîd, non loin de la **coupole du Rocher** au sud de l'esplanade que désigne désormais le terme de **Haram**.

MASJID al-HARÂM (al-) – Le sanctuaire de **La Mekke** englobant la **Ka'ba**. V. **hajj** et **'umra**.

MASJID al-JÂMI' (al-) – « Grande-mosquée ». V. **jâmi'**.

MASJID-i JUM'A – Appellation persane de la grande-mosquée ou **jâmi'** en arabe.

MASJID al-RASÛL – À **Médine**, la « mosquée de l'envoyé de Dieu » appelée aussi **Haram al-madîna**. Reconstruite dans la cour de la maison de **Muhammad** où, de son vivant, la **communauté** se réunissait pour la Prière rituelle ou **salât**. – Abrite sa **tombe** ainsi que celles des deux premiers **califes** ses **Compagnons**, **Abû Bakr** et **'Umar**.

MASKÎN, pl. **MASÂKÎN** – Les « pauvres » à qui un verset **coranique** définissant la **piété** conseille de faire la charité. V. **pauvreté** et **sâ'ilûn**.

MASLAHA – « Intérêt général ». – Une des notions sur lesquelles reposent les dispositions du droit religieux ou **fiqh** dans l'école **malikite**.

MA'SÛM – « Celui qui dispose de l'impeccabilité et de l'infaillibilité » ou **'isma** attribuées aux **imâms chiites**.

MATÉRIALISME – V. **dahriya**.

MATHNAWI – Poèmes qui prirent souvent pour sujet des thèmes mystiques didactiques et exercèrent ainsi une influence sur le développement du **soufisme** et de sa pensée. – Les plus célèbres furent ceux que composa en Anatolie Jalâl al-dîn Rûmi (m. 1273), fondateur de la **confrérie** des **Mawlawiya** ou Mevlevis.

MATN – « Texte » d'une tradition ou **hadîth**, qui doit être précédé, dans les recueils spécialisés, de l'**isnâd** ou « chaîne des transmetteurs » permettant d'en apprécier la valeur d'après les chances d'authenticité.

MAUDIT (le) – V. **rajîm (al-)**.

MAUSOLÉE – En arabe *turba* ou **qubba**. – Édifices érigés au-dessus de **tombes** vénérées, notamment les tombes des **imâms 'alides**, celles qui abritaient les dépouilles de princes et souverains, puis celles d'**oulémas** et **soufis** réputés pour leur **sainteté**. – Se répandirent alors dans tout le monde musulman et certains s'accompagnèrent de vastes sanctuaires où se multipliaient les « visites pieuses » ou **ziyaras**. – N'ont cependant jamais été acceptés par des **mouvements religieux** rigoristes comme le **wahhabisme** qui les a fait détruire et interdire en Arabie Saoudite.

MAWLÂ, pl. **MAWÂLI** – Terme figurant dans le **Coran** avec les deux acceptions qu'il conserva : d'une part, « maître, seigneur » d'autre part, « allié, ami, protégé ». – S'appliqua d'abord, surtout au pluriel, à tous les vaincus **convertis** à l'islam, « alliés » et « clients » arabisés de **tribus arabes**, dont le statut posait problème à la **communauté** : non intégrés dans des conditions d'égalité avec les **Arabes** musulmans, imposés du **kharâj** plus lourd que la **zakât**, ils entraînèrent les désordres qui secouèrent l'État des **califes omeyyades**, puis se calmèrent sous les **Abbassides**. – À partir du IXe siècle, le même nom de *mawâlî* s'appliqua aux anciens esclaves-militaires turcs **affranchis** et convertis. – D'un autre côté, *mawlâ* dans le sens de « seigneur » fut réservé à des souverains ou à des personnages révérés. Le composé **mawlây**, « mon seigneur », titre honorifique attribué au Maghreb Extrême à un **saint** comme Moulay Idris, le célèbre Idris Ier (m. 791), qualifia dans ce pays les membres de diverses **dynasties**. – Le composé **mawlanâ**, « notre seigneur », fut dévolu, dans le monde irano-turc, à des fondateurs de **confréries soufies** comme Jalâl al-dîn Rûmi. – Le terme *mawlâ*, sous la forme **molla**, s'appliqua, dans l'Iran **chiite**, aux hommes de religion qu'il continue de désigner aujourd'hui.

MAWLAWIYA ou **MEVLEVIS** – **Confrérie soufie**, fondée au XIIIe siècle par Mawlânâ Jalâl al-dîn Rûmi (m. 1273) à Konya et appelée aussi confrérie des « **derviches** tourneurs ». – Se développa dans l'Anatolie seljoukide, puis ottomane, ainsi que dans tout le Proche-Orient.

MAWLID – En français souvent « mouloud ». – **Fête** populaire marquant l'anniversaire de la naissance de **Muhammad**, le 12 rabî' Ier, et parfois critiquée par les **oulémas**. L'une de ses premières célébrations eut lieu à Irbil, en Haute-Mésopotamie, en 1207, et sa vogue grandit ensuite. – Passé en français sous la forme « mouled », le même terme désigne les fêtes qui marquent l'anniversaire d'un **saint** et qui peuvent porter aussi le nom de **mawsim** ou « **moussem** ».

MAWQIF – Territoire dévolu à la « station » ou **wuqûf** des pèlerins dans la plaine de **'Arafât**, le premier jour du **hajj**. – Limité par deux bornes dont chacune est appelée « signal » ou **'alam**.

MAWQIF al-NABÎ – « Lieu de la station du prophète ». – Emplacement proche du mont **'Arafât**, où **Muhammad** se serait tenu pour haranguer les pèlerins du **hajj** observant le **wuqûf**.

MAWSIM – En français souvent « moussem ». – **Fête** populaire, appelée aussi **mawlid**, célébrant l'anniversaire, de naissance ou de mort, d'un

saint. – Peut être l'occasion du rassemblement de grandes foules, surtout si la fête est liée à l'activité d'une **confrérie**.

MAWT – V. **mort**.

MAYSIR – « Jeu de hasard », une sorte de loterie. Interdit par le **Coran**. V. **qimâr**.

MAZÂLIM – « Abus, torts ». – Nom donné au Moyen Âge à une juridiction particulière, privilège du **calife** et distincte de la **justice** confiée aux **cadis**. Avait pour objet de « redresser les torts » dénoncés au détenteur du pouvoir ou à son représentant, contrôler ainsi les agissements des **kâtibs** ou « secrétaires » de l'administration, jouer aussi un rôle de cour d'appel pour les sentences prises par les cadis. – Permit à certaines époques de constituer des hautes cours qui servaient à condamner des personnages accusés d'**hérésie**, l'épisode le plus fameux ayant abouti, en 922, à l'exécution d'un **soufi** tel qu'al-Hallâj. – Son action fut continuée par l'institution du **dâr al-'adl**. V. **ruq'a**.

MAZÂR – Emplacement où l'on procède à des « visites pieuses » ou **ziyâras**, c'est-à-dire où des pèlerins viennent demander secours et **bénédiction**. Ce peut être un **maqâm**, un **mashhad**, une **tombe**, parfois un **mausolée**, aussi bien qu'un objet naturel tel que pierre, arbre ou grotte.

MAZAR-i SHARIF – « L'auguste lieu de visite » ou **mazâr**. – Ville d'Afghanistan qui se développa autour d'un **mausolée** attribué au XIIe siècle à **'Ali**, qui avait connu dès lors un constant afflux de visiteurs.

MECHED – V. **Mashhad**.

MÉCRÉANT – Ou « infidèle ». V. **kâfir**.

MÉDINE – Ou *Madînat al-nabi*, « la ville du prophète ». – Deuxième **Lieu saint** de l'islam, dont le **Haram** entoure le **masjid al-rasûl** ou « mosquée de l'envoyé [de Dieu] » qui abrite sa **tombe**. – Succéda à l'ancienne Yathrib, oasis habitée située à 350 km au nord de **La Mekke**, où s'était réfugié **Muhammad** au moment de l'**hégire** et d'où il mena la lutte contre les Mekkois. – Une fois **convertis**, les habitants païens qui avaient pris Muhammad pour arbitre de leurs différends étaient devenus, à l'intérieur de la nouvelle **communauté**, les Soutiens ou **Ansâr** tandis que la constitution dite de Médine, appelée **sahîfa**, fondait le premier État musulman. – Les habitants **juifs** qui avaient refusé le nouveau message furent peu à peu exclus, chassés du territoire et même, pour certains, éliminés physiquement.

MEKKE (La) – En arabe *Makka*. Ville qui est aujourd'hui le centre religieux de l'islam et le premier de ses **Lieux saints**, où convergent chaque année les foules de pèlerins du **hajj** et où restent en vigueur les restrictions interdisant aux non-musulmans de pénétrer dans le « territoire sacré » ou **Haram**. – Là se dresse toujours l'édifice pré-islamique de la **Ka'ba**, à l'intérieur de la « Mosquée sacrée » ou **al-masjid al-harâm** que mentionne le **Coran**. – Dans cette localité marchande qui devait aussi sa prospérité à son sanctuaire païen, **Muhammad** était né, grandit et prêcha d'abord sans succès sa nouvelle religion **monothéiste**. Il la quitta ensuite en 622, lors de l'**hégire**, s'expatriant pour Yathrib/**Médine** où il fonda un État musulman. De là, après **batailles** et négociations, il revint en vainqueur en 629 et la prise de La Mekke ou **fath** consacra son triomphe, étendu ensuite à toute l'Arabie.

MENDIANTS – V. **sâ'îlûn**.

MEVLEVIS – V. **Mawlawiya**.

MIDA' – Local annexe de certaines **mosquées**, contenant une fontaine pour les **ablutions** simples ou *wudû'*. V. **hawd**.

MIHNA – « Épreuve ». Terme utilisé pour désigner les procédés inquisitoriaux employés par le **calife abbasside** al-Ma'mûn, au début du IXe siècle, afin d'imposer à tous, et spécialement aux représentants des **traditionalistes**, la doctrine des **mu'tazilites**, qui comportait la croyance au **Coran** « créé ». V. **magistère doctrinal**.

MIHRÂB – Niche monumentale située dans le mur de **qibla**, c'est-à-dire le mur de fond donnant l'orientation de **La Mekke**, à l'intérieur d'un oratoire ou **masjid** comme d'une grande-mosquée ou **jâmi'**. – Place de l'**imâm** pour diriger la Prière rituelle ou **salât**.

MILITAIRES – V. **esclaves, esclavons, fatâ, ghulâm, janissaires, jund, mamlouks** et **mamlûk**.

MILK – « Propriété ». Le droit religieux ou **fiqh** reconnaît le droit de propriété qui se distingue du droit d'usage ou *tasarruf*. – Les biens possédés, terres ou marchandises, sont soumis à divers **impôts**, dont certains non canoniques. Le droit de propriété est limité par les règles d'éthique **économique** qui interdisent le « prêt à intérêt » ou **ribâ**, « l'accaparement » ou **ihtikâr**, ainsi que les profits excessifs des commerçants, limités par le **muhtasib** grâce à la « fixation des cours » ou **tas'îr**.

MILLA – « Religion ». – Parfois la religion d'**Ibrâhîm**/Abraham. – Désigne aussi la **communauté** islamique et apparaît, en certains cas, comme un terme synonyme d'**umma** et de **jamâ'a**. V. **millet**.

MILLET – Terme turc venu de l'arabe **milla**. Désigne, à l'époque ottomane, les communautés religieuses non musulmanes, soumises au statut ancien des **dhimmis**, qui connurent, à la fin du XIXe siècle, des privilèges nouveaux leur donnant plus de poids dans la vie politique.

MINÂ – Vallée située à l'est de **La Mekke**, sur la route de **'Arafât**, où prennent place plusieurs cérémonies du **hajj**. – Les pèlerins, après la journée du **wuqûf** à 'Arafât, y procèdent au **sacrifice** d'une **victime**, auquel fait écho dans tout le monde musulman la **fête** du **'îd al-kabîr** ; ils y commencent alors des **lapidations** rituelles sur le plus important des trois « tas de pierres » ou **jamarât** qui seront ensuite lapidés pendant les trois journées du **tashrîq**.

MINARET – En arabe **manâra** (terme dont la forme turque est passée en français), **ma'dhana** et **sawma'a**. – Aujourd'hui, tour accompagnant une grande-mosquée ou **jâmi'**, d'où l'on proclame l'**adhân** ou « appel » à la Prière rituelle ou **salât**. – Avait anciennement d'autres fonctions :

– tour-phare dans les **ribât** au bord de la mer et sur les itinéraires désertiques (ce qui correspond au sens littéral de *manâra,* « emplacement d'une lumière »), – tour servant de refuge aux pieux personnages désirant s'écarter du monde, – tour glorifiant les succès du souverain qui l'a fait édifier.

MINBAR – « Chaire » à plusieurs degrés disposée dans la grande-mosquée ou **jâmi'** à proximité du **mihrab**. – Utilisée par le prédicateur officiel ou **khatîb** pour prononcer l'allocution ou **khutba** qui prend place au début de la Prière rituelle collective ou **salât** solennelle du **vendredi**.

MÎQÂT – « Point d'entrée » du pèlerin pénétrant dans le « territoire sacré » ou **Haram** de **La Mekke** pour y accomplir le **hajj** ou la **'umra**. On y procède à la **sacralisation** en revêtant notamment une tenue spéciale après une grande **ablution**. – Il existe plusieurs *mîqât,* chacun correspondant jadis à l'une des routes caravanières du Pèlerinage ou **darb al-hajj** ; le plus proche de La Mekke était utilisé spécialement par les habitants de la ville.

MIRACLES – V. **i'jâz, karâmât, mu'jizât** et **saint**.

MI'RÂJ – Litt. « échelle ». Nom de l' « ascension » de **Muhammad** transporté, par sa monture **Buraq**, de **La Mekke** ou de **Jérusalem** au septième ciel où Dieu lui ordonna de prescrire cinq Prières ou **salât** quotidiennes. Au **masjid al-Aqsâ** il aurait pris pied sur le rocher, *al-sakhra,* vénéré ensuite dans la **coupole du Rocher**. – Relaté par **Ibn al-'Abbâs**, le récit du *mi'râj* complète le texte du verset **coranique** de l'**isrâ'** ou « Voyage nocturne ». – Fit ensuite l'objet d'ouvrages mystiques et de récits populaires. Utilisé par les poètes **soufis** comme un modèle pour leur propre envol spirituel.

MIRI – Terme turc désignant, à partir de l'époque ottomane, les **terres**, appartenant au Trésor public, qui sont occupées par des tenanciers, musulmans ou chrétiens, bénéficiant de l'usufruit contre paiement d'une taxe.

MISÉRICORDE DIVINE, le MISÉRICORDIEUX – V. **rahîm (al-), rahma, rahma (jabal al-)** et **rahmân (al-)**.

MISR, pl. **AMSÂR** – Villes-camps fondées au moment des grandes **conquêtes**, telles que Basra, Koufa, Fustat et Kairouan. D'où le nom arabe actuel de l'Égypte.

MITHÂQ – « Pacte pré-éternel », selon le **Coran**, entre Dieu et les fils d'**Adam** qui témoignèrent que Dieu était leur seigneur. Appelé aussi Covenant.

MÎZÂB – « Gouttière » pour l'écoulement de l'eau du toit de la **Ka'ba**. – Considérée comme source de **bénédictions** divines pour les pèlerins qui y font des invocations ou **du'â's**.

MÎZÂN – « Balance ». Figure dans le **Coran** comme l'instrument de la « pesée des actions » ou **wazn al-a'mâl** au jour du Jugement ou **yawm al-dîn**. – Désigne aussi, dans le Coran, l'outil commercial que l'on doit utiliser honnêtement pour éviter la **fraude** et dont le **muhtasib** contrôle l'usage.

MOBILIER des MOSQUÉES – V. **bisât, dakka, kursî, luminaires, maqsûra, minbar** et **tapis.**

MODERNISME – Tendance qui apparut chez quelques penseurs musulmans à la fin du XIXe siècle, surtout dans l'Inde et en Égypte, et qui avait pour but de rendre les habitudes religieuses et juridiques de l'islam plus proches des idées occidentales. – Aida quelques modifications pragmatiques du droit familial et pénal, plus ou moins importantes selon les pays ; mais se heurta à une volonté de réformisme ou **islâh** par le retour à l'enseignement des anciens ou **salaf.**

MOIS – Les mois de vingt-huit jours figurant dans le calendrier musulman, **lunaire** et **hégirien** sont au nombre de douze : **muharram, safar, rabî'** I et II, **jumâdâ** I et II, **rajab, sha'bân, ramadân, shawwâl, dhû l-qa'da** et **dhû l-hijja.**

MOLLA – Terme persan venant de l'arabe **mawlâ** et désignant les responsables religieux **chiites** de l'**imamisme** duodécimain, qui correspondent aux **oulémas** en milieu arabe **sunnite.**

MONACHISME – En arabe, **rahbâniya.** Condamné par une tradition ou **hadîth** proclamant : *lâ rahbâniyata fî l-islâm,* « pas de monachisme dans l'islam ». Mais il existe aussi, à ce sujet, un verset **coranique,** de sens ambigu. – En fait, l'islam a connu certaines formes de monachisme lors du développement des **confréries** dans le **soufisme.**

MONISME – Théorie philosophique. V. **wahdat al-wujûd.**

MONDE – Au sens d' « univers ». V. **'âlam.**

MONNAIES – Frappées à partir du règne du **calife omeyyade** 'Abd al-Malik (685-705) et ornées de légendes mettant en œuvre l'**écriture arabe.** – À côté des indispensables indications d'ordre historique, elles offrent surtout des textes de caractère religieux : formules telles que la **shahâda** ou versets **coraniques.**

MONOTHÉISME – Considéré par l'islam comme un de ses traits distinctifs, à partir d'une conception stricte de l' « unicité divine » ou **tawhîd.** – N'a pourtant pas été sans poser problème aux théologiens **mutakallimûn** discutant des **attributs** de Dieu. – Entraîna le rejet des positions des **juifs** et des **chrétiens** que l'islam accuse de **tahrîf,** c'est-à-dire « altération » du monothéisme archétypal d'**Ibrâhîm**/Abraham le **hanîf.**

MORALE – Concept non défini par le droit religieux ou **fiqh** qui connaît seulement la « qualification juridique » ou **hukm** des actes humains. – Fait partie des enseignements de penseurs attachés à la notion d'**akhlâq** ou « traits » de caractère et influencés par certains appels du **Coran** ainsi que par des héritages étrangers. – Apparaît aussi parmi les principales préoccupations du **soufisme.** V. **économique (éthique).**

MORT – En arabe, *mawt.* Selon le **Coran,** décrétée par Dieu et suivie du « châtiment de la **tombe** » ou **'adhâb al-qabr,** de la **résurrection** et du jour du Jugement ou **yawm al-dîn.** – Liée par divers récits à l'action

d'**anges**, parmi lesquels Azrâ'îl et les tourmenteurs Munkar et Nakîr.
– Entraîne des pratiques funéraires qu'ont définies les juristes ou **faqîhs** et qui s'accompagnent de coutumes populaires locales : lavage du corps, linceul, Prière rituelle ou **salât** accomplie dans une mosquée, inhumation à même la terre, le visage tourné vers **La Mekke**, dans une tombe orientée aussi vers la **qibla** et ne devant être surmontée d'aucun monument. **V. peine de mort.**

MOSQUÉE – En arabe **masjid**, terme passé en français par l'intermédiaire de l'espagnol *mezquita*. – « Édifice où l'on peut accomplir la Prière rituelle ou **salât** », qu'il s'agisse des Prières quotidiennes imposées ou de Prières surérogatoires appelées **nawâfil**. – On distingue les simples mosquées (oratoires privés, mosquées de quartier sans **minbar**, oratoires faisant partie de bâtiments divers) et la « grande-mosquée » ou **jâmi'** destinée à la célébration de la Prière solennelle du **vendredi** accompagnée de sa **khutba**.

MOSQUÉE à MINBAR – Ou grande-mosquée. **V. jâmi'.**

MOSQUÉE du VENDREDI – Ou grande-mosquée. **V. jâmi'.**

MOULED, MOULOUD – **Fêtes** populaires célébrant **Muhammad** ou quelque **saint**. **V. mawlid.**

MOUSSEM – Fête populaire d'un **saint**. **V. mawsim.**

MOUVEMENTS POLITICO-RELIGIEUX – Certains d'entre eux, désignés en arabe par le terme **firqa** que l'on traduit souvent par « secte », ont donné naissance à de nombreuses dissidences et parfois schismes en s'écartant plus ou moins, par leur déviationnisme ou **ilhâd**, de l'attitude **orthodoxe** des **sunnites** qualifiés d'**ahl al-sunna wa-l jamâ'a**.

MOZABITES – Habitants du Mzab en Algérie ayant adopté depuis le Xe siècle la doctrine des **ibadites** au sein du **kharijisme**. **V. azrakites, najadât** et **soufrites**.

MU'ADH ibn JABAL – Un des scribes qui mirent par écrit, du vivant de **Muhammad**, les versets du **Coran** que celui-ci « récitait ». **V. Ubayy ibn Ka'b** et **Zayd ibn Thâbit.**

MU'ÂMALÂT – « Règles sociales » constituant la seconde partie de tout traité de droit religieux ou **fiqh**, à la suite des « règles cultuelles » ou **'ibâdât**.

MUBÂH – Dans le langage du droit religieux ou **fiqh**, qualificatif désignant, parmi les **actes humains** ou **a'mâl**, ceux qui sont « indifférents ». **V. hukm.**

MUBÂHALA – « Procédure de malédiction réciproque » ou ordalie devant faire apparaître la vérité. – Proposée par **Muhammad**, en 630, aux chefs **chrétiens** de **Najrân** et refusée par ces derniers qui se contentèrent d'une convention de protection accordée par Muhammad.

MUEZZIN – De l'arabe *mu'adhdhin*. Personnage qui récite ou psalmodie cinq fois par jour, d'un lieu élevé et souvent du haut d'un **minaret**, l' « appel » ou **adhân** qui indique aux musulmans l'heure de la Prière rituelle ou **salât**.

MUFTI – « Juriste ou **faqîh** qui délivre des consultations juridiques, appelées **fatwâs** », sur des problèmes pratiques auxquels les traités de droit religieux ou **fiqh** n'apportent pas de solution précise. – Ne disposa longtemps ni de fonction officielle ni de force exécutoire attachée à ses avis. – Dans l'Empire ottoman fut en revanche organisé un corps de muftis qui étaient rémunérés, au même titre que les **cadis**. Ils étaient considérés d'un rang supérieur, sous l'autorité du **shaykh al-islâm** appelé aussi « grand mufti ». Celui-ci nommait les cadis et rendait parfois des fatwâs permettant au **sultan** de modifier le droit. V. **qanûn**.

MUHADDITH – « Traditionniste » c'est-à-dire savant spécialisé dans l'étude de la Tradition ou **hadîth**.

MUHÂJIRÛN – « Expatriés » ou **Compagnons** de **Muhammad** qui le suivirent lorsqu'il quitta **La Mekke** pour se rendre à Yathrib/**Médine** et qui devinrent, avec les **Ansâr** ou « Soutiens », membres de la nouvelle **communauté**. – Parmi eux figuraient des membres de la **famille de Muhammad**, des membres de la tribu de Qoreïch et de petites gens. V. **hégire**.

MUHAMMAD ou **MAHOMET** – Fondateur de l'islam qui naquit à **La Mekke** dans la tribu de Qoreïch et qui commença vers 615 à prêcher, comme l' « envoyé » ou **rasûl**, une nouvelle religion **monothéiste**, à partir de versets ou **âyât** qu'il « récitait » en tant que message divin et qui furent par la suite réunis dans le **Coran**. – Devant le refus des Mekkois à se convertir, il se résolut à quitter sa ville en 622, par son Expatriation ou **hégire**, et s'installa à Yathrib/**Médine** où il se comporta en homme d'État et en chef de guerre. Triomphant de ses ennemis au cours de diverses **batailles**, il sut aussi négocier jusqu'à la prise victorieuse ou **fath** de La Mekke en 629. – Il intégra alors les clans de Qoreïch à la **communauté** des musulmans vainqueurs et il mourut à Médine en 632.

MUHAMMAD al-BÂQIR – Le IVe **imâm** des **chiites ismaéliens** septimains et le Ve des **imamites** duodécimains. – Loué pour l'étendue de ses connaissances religieuses et mort en 732 à **Médine** où il fut enterré et où sa **tombe** fut longtemps vénérée.

MUHAMMAD ibn ISMÂ'ÎL – Le VIIe et dernier **imâm** visible des **chiites ismaéliens** dits aussi septimains.

MUHAMMAD al-JAWÂD – Le IXe **imâm** des **imamites** duodécimains, mort en 835 à **Bagdad** où il fut enterré près de la **tombe** de son aïeul, le VIIe **imâm**, **Mûsâ al-Kâzim**. – Vénéré comme ce dernier par les **chiites** dans le sanctuaire dit des **Kazimayn**.

MUHAMMAD al-MUNTAZAR – Appelé aussi **al-Mahdi**. Le XIIe et dernier **imâm chiite** des **imamites** duodécimains, tombé en occultation ou **ghayba** en 874 à **Samarra**. – Disparu dans un lieu souterrain ou *sirdâb* aujourd'hui visité à l'intérieur du sanctuaire des **'Askariyayn**. V. **sâhib al-zamân**.

MUHAMMAD al-TAQI – V. **Muhammad al-Jawâd**.

MUHARRAM – Premier mois de l'année **hégirienne**, souvent qualifié de *mubârak*, « béni ». – Le 10 de ce mois se situe pour les **chiites** le deuil de l'**Achoura**, qui commémore le martyre d'**al-Husayn**.

MUHÂSABA – Dans le langage mystique, « examen de conscience ». Sa pratique fait partie des préoccupations **morales** du **soufisme**.

MUHKAM – Qualificatif employé pour les versets du **Coran** dont le sens est « clair et bien établi ». V. **exégèse** et **mutashabbih**.

MUHLIKÂT – « **Fautes** capables d'entraîner à la perdition », selon l'interprétation d'un auteur mystique comme al-Ghazâli (m. 1111). V. **munjiyât**.

MUHRIM – « Ayant pris l'*ihrâm* ». Se dit d'un pèlerin en état de **sacralisation** à **La Mekke** pour y effectuer le **hajj** ou la **'umra**.

MUHTASIB – « Magistrat chargé de la **hisba** » et contrôlant la vie urbaine, au Moyen Âge comme dans les interprétations rigoristes de certains **islamistes** actuels. – Surveille les métiers et empêche les **fraudes**, d'où son appellation de « préfet des marchés ». Réglemente aussi la moralité publique et la pratique du culte en faisant respecter le « commandement du bien » ou **al-amr bi-l-ma'rûf**. V. **ihtisâb aghasi**.

MUJÂHADA – Dans le langage mystique, « effort spirituel ». Une des « étapes » que franchit le **soufi** dans la « voie » ou **tarîqa** qu'il parcourt pour obtenir l'**extase**. V. **hâl**, **jihâd**, **manzil** et **maqâma**.

MUJADDID – « Rénovateur **mystique** de l'islam » qui est censé apparaître au début de chaque siècle. – On évoque à ce titre dans l'Inde Ahmad Sirhindi (m. 1624) qui aurait marqué le début du second millénaire de l'hégire. V. **tajdîd**.

MUJÂHID, pl. **MUJÂHIDÛN** – « Combattants du **jihâd** » ou de la « guerre légale ». Appellation récurrente au Moyen Âge lors des combats menés contre les infidèles ou **kâfirs**. – Réclamée aujourd'hui par les membres de groupes **islamistes** armés. V. **fidâ'i**, **ghâzi** et **murâbit**.

MU'JIZÂT – « Miracles » attribués aux **prophètes**, différant des **karâmât** attribués aux **saints**. V. **i'jâz**.

MUJTAHIDS – « Juristes ou **faqîhs** pratiquant l'**ijtihâd** », qui fondèrent les **écoles juridiques** et rédigèrent les traités du droit religieux ou **fiqh**. – Se contentèrent ensuite, jusqu'au XIIᵉ siècle, d'en préciser les applications ou **furû'**. – Dans l'Iran **chiite**, « interprètes de la Loi religieuse ou **sharî'a** » au nom de l'**imâm** « caché ». – Au XIXᵉ siècle, les juristes appelés **mollas** formèrent une classe sacerdotale ayant pour chef un « mujtahid suprême », le **hujjat al-islâm**, remplacé ensuite par l'**ayatollah** suprême, lequel pratique encore l'ijtihâd au nom du XIIᵉ imâm, **Muhammad al-Muntazar**.

MUKALLAF – Dans le langage juridique, « responsable ». Il faut l'être pour subir une peine légale ou **hadd**. V. **taklîf**.

MUKÂSHAFA – Dans le langage mystique, « connaissance » du monde suprasensible obtenue par « dévoilement ». V. **kashf** et **ma'rifa.**

MULHID, pl. **MULÂHIDA** – « Rebelle, hérétique ». V. **ilhâd.**

MULK li-LÂH (al-) – « Le pouvoir » ou « la royauté est à Dieu ». – **Doxologie** fréquemment reproduite et répétée dans des **inscriptions** religieuses sur objets et monuments.

MULTAZAM – « Lieu de l'accolade. Emplacement du mur de la **Ka'ba** de **La Mekke** où se pressent les pèlerins lors du rite de la circumambulation ou **tawâf.** V. **mustajâr.**

MU'MIN, pl. **MU'MINÛN** – « Croyant » en la religion de l'islam. – Équivalent de **muslim** auquel, dans le **Coran**, il est souvent associé sans qu'il soit aisé de justifier la distinction entre les deux termes. – Largement employé par la suite avec une nuance honorifique. V. **amîr al-mu'minîn, îmân, islâm** et **umm al-mu'minîn.**

MUNÂFIQ, pl. **MUNÂFIQÛN** – « Hypocrites » : les **Médinois convertis** qui conservaient des liens avec les incroyants et qui sont critiqués par le **Coran.** En fait, plutôt « opportunistes » ou « attentistes ». V. **riyâ'.**

MUNJIYÂT – « Qualités requises des futurs **élus** », qui sont exposées par un auteur mystique comme al-Ghazâli (m. 1111). V. **muhlikât.**

MUNKAR – Dans le langage du droit religieux ou **fiqh,** qualificatif désignant, parmi les actes humains, ceux qui sont « répréhensibles », mais non « interdits » formellement par le **Coran,** le plus souvent des comportements que le **muhtasib** doit empêcher dans la vie sociale. V. **hukm.**

MUQARRABÛN – Les « Proches » de Dieu. – Mentionnés dans le **Coran** et désignant des **élus** jouissant du **paradis.**

MURÂBIT, pl. **MURÂBITÛN** – « Occupants d'un **ribât** » ou fortin défendant la frontière. D'où « combattant se livrant au **jihâd** » et équivalent de **mujâhid.** – Tout en gardant le sens de « gens du ribât », désigne plus particulièrement les membres d'une dynastie, les **Almoravides.** – Plus tard au Maghreb et surtout en Algérie, personnage réputé **saint** dont le nom, passé en français sous la forme **marabout,** s'applique également au petit sanctuaire qui conserve son souvenir et au personnage qui en a la charge. V. **qubba.**

MURÎD – « Disciple » d'un maître en mystique. – « Novice » dans une **confrérie soufie.**

MURÎDIYA – **Confrérie soufie** fondée en 1888 au Sénégal par un membre des **Qâdiriya.**

MURJITES – **École théologique** qui, au début de l'islam, refusait d'exclure de la **communauté** ceux qui étaient coupables de **fautes** graves en faisant référence au « décret divin » ou **qadar** qui déterminait les **actes humains.** – Tendait notamment à excuser les **fautes** que pouvaient commettre les **califes** à l'époque des **Omeyyades.** V. **prédestination.**

MURSHID – Surtout dans le **soufisme,** « guide spirituel, instructeur, maître ».

MÛSÂ – Ou Moïse. Appelé **Kalîm Allah**, « celui qui parle à Dieu ». – Personnage biblique mentionné dans le **Coran** comme un **prophète** et un « envoyé » ou **rasûl** sur qui portent divers récits édifiants. – On y trouve allusion à son « serviteur » qui fut identifié avec **al-Khadir** ou al-Khidr.

MÛSÂ al-KÂZIM – Le VIIe **imâm** des **imamites** duodécimains, mort en 799 et enterré à **Bagdad** où sa **tombe** fut vénérée par les **chiites**. – Ainsi naquit le sanctuaire dit des **Kazimayn** ou « des deux Kazim », Mûsâ et son petit-fils, le IXe imâm **Muhammad al-Jawâd** enterré auprès de lui.

MUSALLÂ – Appelé en Iran **namâzgâh** et en Inde **'îdgâh**. – Espace délimité en plein air et utilisé pour la Prière rituelle ou **salât** lors des grands rassemblements, notamment pour la « Prière des deux fêtes » ou **salât al-'îdayn**.

MUSAWWIR (al-) – « L'Organisateur », celui qui donne les formes aux choses. Un des **Beaux noms de Dieu**.

MUSHÂ' – Dans le langage juridique, « indivis » en parlant d'une propriété ou **milk**. Cas survenant fréquemment en raison des règles compliquées de l'**héritage**.

MUSHAF – « Livre » constitué de feuillets reliés. De là, le Livre par excellence, c'est-à-dire le **Coran**.

MUSHRIK, pl. **MUSHRIKÛN** – « Associationniste », c'est-à-dire coupable de la **faute** qui exclut de l'islam, l'**associationnisme**. De là le sens « infidèle », exprimé plus généralement par le terme **kâfir**.

MUSIQUE – En arabe, *mûsîqâ* ou *musîqî* ainsi que *malâhî*. Condamnée par les juristes ou **faqîhs** rigoristes, en particulier les **hanbalites** et les **malikites**. La musique religieuse est toutefois tolérée, surtout dans les **fêtes** populaires dont certaines sont liées au culte des **saints**, mais il est difficile de faire la distinction entre musique religieuse et musique profane.

MUSLIM, pl. **MUSLIMÛN** – « Soumis à Dieu », c'est-à-dire « musulman ». Souvent associé à **mu'min** dans le **Coran**. V. **amîr al-muslimîn** et **islâm.**

MUSLIM – Auteur d'un des six recueils canoniques de la Tradition ou **hadîth**, né à Nichapour en Iran et mort en 873.

MUSTAD'AFÛN – Litt. « abaissés ». Mentionnés plusieurs fois par le **Coran** qui leur promet le salut. – Le terme est interprété par les commentateurs comme signifiant tantôt les « opprimés », tantôt les « faibles », c'est-à-dire les indigents de **La Mekke** qui n'avaient pas pu suivre **Muhammad** dans son Expatriation ou **hégire**.

MUSTAJÂR – « Endroit où l'on implore protection » entre deux des angles de la **Ka'ba** de **La Mekke**. Les pèlerins s'y arrêtent au cours du rite de la circumambulation ou **tawâf**. V. **multazam**.

MUSTA'LIENS – Branche des **chiites ismaéliens** ayant reconnu comme **imâm** le calife fatimide al-Musta'li qui régna en Égypte de 1074 à 1101.

En 1142, le petit-fils d'al-Musta'li fut déclaré « caché » et son représentant s'installa au Yémen. Les musta'liens se transportèrent plus tard en Inde, sous le nom de **Bohoras**.

MUSTA'MIN – « Bénéficiaire d'une garantie de sauvegarde » ou **amân**.

MUT'A – Dans le langage du droit religieux ou **fiqh**, « **mariage** temporaire » autorisé par les **chiites**.

MUTABARRAK – « Porteur d'une **baraka** » ou bénédiction déposée par Dieu.

MU'TADDA – Dans le langage du droit religieux ou **fiqh**, « femme en période de '**idda** », après une **répudiation** ou le décès de son mari. **V. mariage**.

MUTAFFIFÛN – « Fraudeurs ». **V. fraude.**

MUTAKALLIMÛN – Théologiens pratiquant le dialectique ou **kalâm** et faisant appel au raisonnement ou '**aql** pour justifier certains points du dogme. **V. écoles théologiques.**

MUTASHABBIH – Qualificatif employé pour les versets du **Coran** dont le sens est considéré comme « ambigu ». **V. exégèse** et **muhkam**.

MUTAWAKKIL (al-) – « Celui qui a confiance en Dieu ». Qualificatif qui repose sur la notion piétiste et mystique du **tawakkul**. – Utilisé comme surnom honorifique d'un **calife abbasside** (m. 861) ayant voulu rompre avec les positions de ses prédécesseurs **mu'tazilites**.

MUTAWÂTIR – Qualificatif d'une Tradition ou **hadîth** reposant sur l'autorité d'un nombre suffisamment grand de transmetteurs pour pouvoir être considérée comme « authentique » ou « véridique ». **V. dâ'if, hasan, mashhûr, qudsi** et **sahîh**.

MU'TAZILITES – Partisans d'un **mouvement politico-religieux** constitué à la fin de l'époque **omeyyade** (début du VIIIe siècle) et caractérisé par le rôle qu'il accordait à la raison ou '**aql** dans l'interprétation de la doctrine. – Les premiers furent Wâsil ibn 'Atâ et 'Amr ibn 'Ubayd, puis les plus remarquables, au début du IXe siècle, Abû l-Hudhayl, al-Nazzâm et Bishr. Leur croyance s'articulait autour de : – l' « unicité divine » ou **tawhîd** entraînant la négation des **attributs** divins et la croyance au **Coran** « **créé** », – la « justice divine » ou '**adl** entraînant le **libre arbitre** de l'homme, – la promesse et la menace divines impliquant la négation de toute intercession ou **shafâ'a** au jour du Jugement ou **yawm al-dîn**, – la « situation intermédiaire » ou **manzila bayna l-manzilatayn** du musulman coupable, – l'obligation de « commander le bien » ou **al-amr bi-l-ma'rûf**. – Le **calife abbasside** al-Ma'mûn entreprit d'imposer à tous l'adhésion à cette doctrine et soumit les **traditionnistes** et les juristes à une sorte d'inquisition appelée l' « épreuve » ou **mihna**, qui dura sous les califes suivants jusqu'à l'arrivée d'**al-Mutawakkil** vers 850.

MUTMA'INNA – « Apaisée » en parlant de l'âme ou **nafs**. – Terme apparu dans le **Coran**. – Passa ensuite dans le vocabulaire des **soufis** et dans les définitions des trois aspects du nafs distingués par un auteur mystique comme al-Ghazali (m. 1111).

MUTTAQÛN – Les « hommes pieux » à qui le **Coran** promet le **paradis**. V. **muqarrabûn, sâlihûn** et **taqwa**.

MUWAHHIDÛN – Les « partisans de l'unicité divine ou **tawhîd** ». – Mouvement **politico-religieux** qui prit le pouvoir au Maghreb occidental au XIIe siècle et donna naissance à une **dynastie**, ainsi appelée en arabe, mais connue en français sous le nom d'**Almohades**.

MUWALLADÛN – Appellation donnée aux **convertis** du Ier siècle de l'islam en Espagne musulmane, qui occupaient une situation comparable à celle des **mawâli** en Orient.

MUZDALIFA (al-) – Vallée située sur le trajet du **hajj** non loin de **La Mekke**, entre '**Arafât** et **Minâ**. – Les pèlerins y passent la nuit après la « station » du **wuqûf** et visitent le **mash'ar al-harâm** ou « lieu sacré des rites ». V. **mabît**.

MYSTIQUE – Ses premiers élans, qui reposent sur des versets **coraniques** évoquant l'**amour** existant entre Dieu et les hommes, sont apparus au VIIIe siècle. – Ont été à l'origine du **soufisme** qui se développa à partir du XIe siècle et donna naissance à l'essor des **confréries**.

— N —

NABI pl. **ANBIYÂ'** – V. **prophètes** et **qissa**.

NABI (al-) – « Le **prophète** ». Appellation de **Muhammad**. V. **nubuwwa**.

NABÎDH – Boisson fermentée, parfois licite en dépit de l'interdiction du **vin**.

NADAMA – « Regret, repentir ». V. **tawba** et **yawm al-hasara**.

NADHÎR (al-) – « L'avertisseur ». Qualificatif de **Muhammad**.

NADHR – « Vœu, don votif ». Surtout dans les expressions de dévotion populaire, par exemple après la naissance d'un enfant.

NAFAQA – Dans le langage juridique, « dépense ». Désigne, dans les traités de droit religieux ou **fiqh**, l'entretien de la **femme** auquel le mari est tenu dès le **mariage**.

NAFAR – « Fuite ou course » des pèlerins, à certains moments rituels, au cours des journées du **hajj**. V. **ifâda**.

NAFS – « Être humain » et quelquefois « âme » ou bien encore « passion ». – Certains théologiens considèrent que l'homme est composé d'un corps et d'une substance spirituelle appelée *nafs*. Mais les **falâsifa** adoptent la conception aristotélicienne qui différencie âme humaine, âme animale et âme végétative. – Les auteurs **mystiques** comme al-Ghazâli (m. 1111) distinguent, eux, l'âme inférieure, siège des passions, appelée aussi « l'âme qui ordonne le mal », ou *al-nafs al-ammâra bi-l-su'*, « l'âme qui adresse des reproches », ou *al-nafs al-lawwâma*, et l'âme « apaisée » ou **mutma'inna**. – Pour les **chiites ismaéliens**, il existe une Âme universelle engendrée par l'Intellect ou **'aql** et d'où émane le monde. **V. qalb** et **rûh**.

NAISSANCE – Marquée par divers usages populaires, dont celui de réciter à l'enfant, devant son oreille droite, la formule de l'appel à la Prière ou **adhân**. – Vient ensuite le sacrifice de la **'aqîqa**. – Plus tard un garçon est soumis au rite de la circoncision ou **khitân**.

NAJADÂT – Une des branches du **kharijisme**, qui se répandit en Arabie au VIIe siècle. **V. azrakites, ibadites, mozabites** et **soufrites**.

NAJAF ou NEDJEF – Ville d'Irak, proche de l'ancienne Koufa, qui s'est développée autour du **mausolée** de **'Ali**, assassiné en 661 par un **kharijite** nommé Ibn Muljam, et qui est l'une des villes saintes du **chiisme**.

NAJRÂN – Localité d'Arabie qui était occupée, au tout début de l'islam, par des **chrétiens** qui refusèrent la proposition d'ordalie ou **mubâhala** de **Muhammad**. Il leur fut accordé de conserver leur liberté de culte à condition de livrer une partie de leur production artisanale. – L'accord inspira les traités de capitulation signés plus tard au moment des grandes **conquêtes**. Il resta en vigueur sous le premier **calife Abû Bakr** ; mais le deuxième calife, **'Umar**, décida l'expulsion des **juifs** et des chrétiens, y compris ceux de Najrân, en se fondant sur une tradition ou **hadîth** attribuée à Muhammad selon laquelle il ne devait y avoir qu'une seule religion en Arabie. **V. dâr al-sulh, dhimmi** et **Khaybar**.

NAMÂZ – Nom donné à la Prière rituelle ou **salât** en Iran et en Turquie.

NAMÂZGÂH – Équivalent persan du terme **musallâ**.

NANTISSEMENT – Terme juridique. **V. rahn**.

NAQD – Dans le vocabulaire du droit religieux ou **fiqh**, « partie de la dot payable comptant » au moment du **mariage**. **V. mahr** et **sadâq**.

NAQÎB – « Représentant, commissaire politique ». Terme utilisé au cours de la révolution **abbasside** au VIIIe siècle. – Se maintint sous le régime **chiite ismaélien** des **Fatimides** (Xe-XIIe siècles), alors qu'il n'apparaissait plus, dans l'État des **calives** abbassides, que dans l'expression *naqîb al-ashrâf* pour désigner le « représentant des **sharîfs** » ou **Hachimides**.

NAQL – « Texte transmis ». – S'applique aux données reposant sur une transmission traditionnelle, c'est-à-dire le **Coran** et le **hadîth**, par opposition à celles qui reposent sur le « raisonnement » ou **'aql**.

NAQLI – « Reposant sur la tradition ». **V. 'ulûm al-naqliya (al-)**.

NAQSHABANDIYA – **Confrérie soufie** fondée par al-Naqshabandi (m. 1389), qui se répandit surtout en Anatolie et en Asie centrale.

NÂR – « Feu ». Terme généralement utilisé pour désigner l'**enfer** dans le **Coran**. **V. damnés, jahannram, sa'îr, saqar** et **yawm al-dîn**.

NASAB – « Filiation » ou partie du **nom de personne** indiquant la série, parfois longue, des noms propres du père et des ancêtres, introduits chacun par le terme **ibn** ou *ben,* « fils de ». Un des éléments de cette filiation pouvait à l'occasion être retenu comme appellatif principal. – Comme terme juridique, la filiation repose sur le **mariage**. En cas de doute, le mari est considéré comme le père, en vertu du principe *al-walad li-l-fîrash,* « l'enfant appartient à la couche » ; le père peut refuser en recourant au « serment d'anathème » ou **li'ân.**

NASÂ'I (al-) – Auteur, à Damas, d'un des six recueils canoniques de traditions ou **hadîth** (m. 915).

NASÂRA – « Les chrétiens ». Critiqués par le **Coran** et soumis par la suite, après les **conquêtes**, au statut de tributaires protégés ou **dhimmis. V. ahl al-kitâb, monothéisme** et **Najrân.**

NÂSIKH – « Abrogeant » parmi les versets ou **âyât** du **Coran. V. abrogation.**

NASS – Litt. « texte ». S'applique, chez les **chiites**, à la « désignation testamentaire » qui légitime, à chaque succession, l'autorité du nouvel **imâm.** – Le principe s'oppose, pour la dévolution de l'**imamat**, c'est-à-dire du pouvoir sur la **communauté** musulmane, au principe du « choix » ou **ikhtiyâr** adopté par les **sunnites.**

NÂTIQ (al-) – Le « parleur ». Qualificatif de l'interprète de l'**imâm** « caché », dans le système des **chiites ismaéliens. V. sâmit.**

NAWÂFIL – Dans le langage du droit religieux ou **fiqh,** « Prières rituelles surérogatoires ». – On peut les accomplir après l'une des cinq Prières ou **salât** obligatoires qui jalonnent la journée.

NAZALA – « Descendre ». – Verbe employé métaphoriquement dans le **Coran** lorsqu'il est question de la **révélation** divine. A donné naissance à deux éléments importants du vocabulaire religieux, **nuzûl** et **tanzîl.**

NÉCESSITÉ – Dans une acception juridique. **V. darûra.**

NEDJEF – Ville irakienne. **V. Najaf.**

NÉO-ISMAÉLIENS – **V. nizaris.**

NIKÂH – **V. mariage.**

NISÂ' – **V. femmes.**

NISBA – Dans les **noms de personnes**, élément indiquant, soit l'origine du personnage ou de sa famille, soit son lieu de résidence ou sa fonction, soit la **tribu** ou encore l'**école juridique** à laquelle il appartient. Plusieurs nisbas peuvent être ajoutées à la suite l'une de l'autre pour mieux cerner une individualité.

NIYYA – Dans le langage du droit religieux ou **fiqh,** « intention ». – Fondamentale dans la vie quotidienne, car, en vertu d'une Tradition ou **hadîth**, les actes ne valent que par l'intention.

NIZARIS ou **NIZARIYA** – Adeptes d'un **mouvement politico-religieux** qui regroupa, parmi les **chiites ismaéliens** dits septimains, les partisans du fils aîné du calife **fatimide** al-Mustansir, appelé Nizâr, dont les droits au pouvoir ne furent reconnus que par eux. – Appelés aussi néo-ismaéliens, ils se révoltèrent dès 1094, sous la direction de Hasan-i Sabbâh, et s'installèrent principalement autour du château d'Alamut en Iran, employant des méthodes terroristes contre les **sultans** seljoukides, mais aussi contre les **califes** et **vizirs** du régime fatimide. – Certains s'établirent en Syrie dans des forteresses d'où ils organisèrent des assassinats politiques au cours du XIIe siècle, qui leur valurent l'appellation d'**Assassins** ; ils avaient pour chef Rashîd al-dîn Sinân, appelé par les Francs le « Vieux de la montagne ». – Les nizaris adoptèrent une doctrine originale et proclamèrent en 1164 la « résurrection » ou **qiyâma** qui conduisit à une abolition de la Loi religieuse traditionnelle ou **sharî'a**. Ils survécurent ensuite à la ruine de leurs États et, au XIXe siècle, un **imâm** se manifesta de nouveau, qui se mit à la tête de leur diaspora sous le titre d'**Agha Khan**. V. **hodjas.**

NOBLES – « Personnages d'illustre descendance », tels que les « membres des grandes familles arabes » et, partant, les « membres de la descendance de Muhammad » que désignent les termes **sharîf** et **sayyid**. – Dans une acception plus générale, « personnages de qualité » ou *khâssa* s'opposant à *'âmma,* la « foule » ou la « plèbe ». On emploie aussi **a'yân** ou « notables ».

NOMS de PERSONNES – Constitués, dans la société musulmane ancienne, d'un ensemble complexe de plusieurs appellatifs entourant le nom ou *ism* donné à l'enfant à sa **naissance**, que suit la « filiation » ou **nasab** et que précède la **kunya**. – Parmi les noms de naissance, certains sont proprement musulmans : par exemple Muhammad, Ahmad, Mustafâ ayant tous le sens de « digne d'éloges » ou bien des noms théophores tels que **'Abd Allâh** et **'Abd al-Rahmân**. D'autres sont arabes, tel Mu'âwiya, ou appartiennent à la culture de divers pays musulmans, puisant dans le vocabulaire journalier ou les souvenirs persans, turcs, berbères, etc. – Au groupe formé par la kunya, l'ism et la nisba s'ajoutaient des surnoms ou **laqabs** qui pouvaient être nombreux. – De cette longue série d'appellatifs, quelques-uns seulement étaient d'usage courant pour un personnage donné, sans exclure pour autant le recours occasionnel au nom complet. Aujourd'hui les noms propres ont été simplifiés, afin de faire apparaître, souvent de façon arbitraire, un prénom suivi d'un nom considéré comme le nom de famille.

NOMS DIVINS – V. **Beaux noms de Dieu.**

NOSAÏRIS ou **NOSEÏRIS** – V. **nusayris.**

NUBUWWA – Qualité de **prophète** ou *nabi*. – Terme employé dans les discussions théologiques et utilisé pour désigner les sections des ouvrages de **kalâm** traitant des questions qui touchent le prophétisme.

NÛH – Ou Noé. Personnage biblique mentionné dans le **Coran** qui lui consacre une **sourate** et le présente comme un **prophète** et un avertisseur méprisé par son peuple, lequel fut puni par le Déluge. – Les commentaires postérieurs localisent certains épisodes de ces récits et la **tombe** de Noé est vénérée aussi bien à **Hébron** que dans un site du Liban.

NÛR – « Lumière ». Mentionnée plusieurs fois dans le **Coran** comme une manifestation divine : « Dieu est la lumière des cieux et de la terre », tandis qu'une interprétation néoplatonicienne en est plus tard donnée par les **falâsifa**. – Un long verset évoque cette lumière comme une lampe ou *misbâh,* alimentée par l'huile pure d'un olivier sacré, qui brille dans une niche ou *mishkât* et fournit ainsi l'un des rares motifs réalistes utilisés dans le décor islamique, celui de la lampe suspendue sous un arc évoquant un **mihrâb**. – Le goût de la lumière apparut, dès le Moyen Âge, dans les **mosquées** et sanctuaires où brillaient des lampes et divers **luminaires**.

NUSAYRIS ou **NOSEÏRIS** – Appelés aussi Alaouites ou « partisans de 'Ali ». **Chiites** extrémistes ou **ghulât** adeptes d'un **mouvement politico-religieux**, qui se sépara, au IXe siècle, de l'**imamisme** duodécimain. – Son fondateur avait soutenu le Xe **imâm 'alide**, 'Ali al-Hadi, qu'il présentait comme une incarnation divine et dont il se donnait comme le porte-parole ou **bâb**. Sa doctrine, initiatique et secrète, incorporait des éléments du christianisme et du zoroastrisme. – D'où une communauté qui s'implanta anciennement dans une région de Syrie reconnue par la France en 1922 comme un État des Alaouites, avec pour capitale Lattaquié, et qui disparut avec la fin du Mandat français. – Les Alaouites jouent actuellement un rôle important dans la vie politique syrienne. **V. firqa**.

NUZÛL – Litt. « descente ». Selon un des sens de **nazala**, « mode de **révélation** du **Coran** ». **V. asbâb al-nuzûl** et **tanzîl**.

— O —

OBÉISSANCE – Dans le langage juridique. **V. tâ'a** et **ulû l-amr**.

OBLIGATIONS RELIGIEUSES – **V. arkân al-dîn** et **'ibâdât**.

OBLIGATOIRE – Qualificatif juridique utilisé pour les **actes humains**. **V. wâjib**.

OCCULTATION – État d'absence de l'**imâm** dans la croyance de certains **chiites**. **V. ghayba**.

ŒUVRES PIES – **V. fondations pieuses, piété** et **waqf**.

OFFRE – Terme juridique utilisé dans les contrats. **V. îjâb**.

OHOD ou **UHUD (bataille d')** – Engagement qui mit aux prises, en 625, les musulmans de **Médine** avec une petite troupe païenne venue de **La Mekke** pour venger les morts de la bataille de **Badr**. – À Ohod tomba en martyr ou **shahîd** un oncle de **Muhammad**, Hamza, renommé pour sa bravoure.

OMEYYADES – **Califes** de la **dynastie** fondée en 660 par Mu'âwiya, **gouverneur** de Syrie et fils du chef **mekkois** Abû Sufyân dont le ralliement tardif à l'islam avait suivi le triomphe de **Muhammad** sur sa ville natale. Appartenaient à la tribu de **Qoreïch**, mais non au clan des **Hachimides**. – Après le triomphe des **Abbassides** en 749, un Omeyyade s'installa en Espagne musulmane et y prit le pouvoir au nom d'une dynastie émirale dont le plus célèbre représentant reprit le titre califien au Xe siècle.

OMNIPOTENT (L') – Un des qualificatifs de Dieu. **V. Qâdir (al-)**.

OPINION PERSONNELLE – Terme juridique. V. **ra'y**.

OPPRIMÉS – Terme coranique. V. **mustad'afûn**.

ORAISON – V. **du'â'** et **kunût**.

ORATOIRE – V. **masjid**.

ORGANISATEUR (L') – Un des qualificatifs de Dieu. V. **Musawwir (al-)**.

ORPHELINS – Mentionnés dans le **Coran**. V. **yatîm**.

ORTHODOXIE – Se présente comme la doctrine des premiers musulmans ou **salaf**. – Des schismes étant toutefois apparus dans les temps anciens, dus à des **mouvements politico-religieux** divers et souvent opposés, l'orthodoxie doit se définir comme la doctrine professée par le plus grand nombre, c'est-à-dire par les **sunnites** ou **ahl al-sunna wa-l-jâmâ'a**.

OULÉMA – En arabe *'âlim*, pl. *'ulamâ'*. « Savant », mais plus précisément « savant versé dans les **sciences** religieuses », c'est-à-dire le droit ou **fiqh**, la Tradition ou **hadîth**, l'exégèse ou **tafsîr** et la théologie ou **kalâm**.
– Le rôle des oulémas, qui était important dès les premiers siècles puisqu'ils prétendaient servir de guides au **calife**, s'est encore accru à partir de la fondation des **madrasas** au XIe siècle et a continué de se faire sentir jusqu'à l'époque contemporaine. V. **fatwâ, ijtihâd, mufti** et **mujtahid**.

— P —

PACTE – V. **'ahd, mithâq** et **sahîfa**.

PAIX – Deux notions différentes représentées par **salâm** et **sulh**.

PALAIS – En arabe *qasr* pl. *qusûr* et parfois *dâr*. – À l'époque califienne, il répondait aux exigences d'un cérémonial souverain imité d'usages anciens, fort éloigné de la simplicité des premières réunions de la **communauté** dans la grande-mosquée ou **jâmi'**. Mettait donc en valeur la puissance et le faste du défenseur de l'islam tout en respectant, comme la simple demeure d'habitation, des traits architecturaux spécifiques dus aux incidences de la polygamie et de la réclusion des **femmes** dans le **harem**. – Servit de modèle aux résidences des dignitaires ainsi que, dans les provinces, à celles des **gouverneurs**, qui portaient anciennement le nom de **dâr al-imâra** ou « demeure du commandement ». – Plus tard, fut par moments remplacé, sous le nom de *hisn* ou de *qal'a*, par la forteresse ou le château fortifié dans lequel s'abritaient les dynasties locales et autres seigneurs de la guerre.

PALAIS de JUSTICE – V. **dâr al-'adl**.

PALANQUIN – V. **Chameau (bataille du)** et **mahmal**.

PARADIS – Réservé aux **élus** et présenté par les annonces **eschatologiques** du **Coran** comme un jardin ou **janna** de délices, peuplé de **houris** ou *hûr*.
– La vision de Dieu ou **ru'yat Allâh** est discutée par les théologiens **mutakallimûn**. V. **firdaws, muqarrabûn, muttaqûn, salâm, shahîd** et **sirât**.

PARDON de DIEU – En arabe, *maghfira*. Peut être imploré par diverses formules d'**istighfâr**. **V. Ghaffâr (al-)**.

PARFUMS – L'usage des parfums est **recommandé** en certaines circonstances, par exemple le **Pèlerinage**.

PARTI de DIEU – **V. hizb Allâh**.

PARTS RÉSERVATAIRES – Dans l'**héritage**. **V. fard**.

PATIENCE – Mentionnée dans le **Coran**. **V. sabr**.

PAUVRETÉ – Distinguer – la pauvreté volontaire de **Muhammad** ou *faqr*, vantée par le **soufisme** et imitée par l'ascète ou **zâhid** ne possédant aucun bien de ce monde – et la pauvreté de ceux à qui le **Coran** invite à faire l'aumône et qu'il désigne à partir du terme **maskîn**. **V. derviche, faqîr** et **piété**.

PÉCHÉ, PÉCHEUR – **V. faute** et **libre arbitre**.

PEINES DISCRÉTIONNAIRES et **PEINES LÉGALES** – **V. hadd** et **ta'zîr**.

PEINE de MORT – Légale en cas d'**apostasie** ou **ridda**, d'injures ou **sabb** prononcées contre **Muhammad**, d'adultère de la **femme** en cas de fornication ou **zinâ** et, enfin, de **brigandage**. **V. hadd**.

PÈLERINAGE – Terme appliqué à plusieurs pratiques distinctes. – La plus importante est le Pèlerinage majeur à **La Mekke** ou **hajj**, qui est mentionné par le **Coran** et compté au nombre des piliers de l'islam ou **arkân al-dîn** : obligatoire sous certaines conditions, revenant tous les ans à date fixe du mois de **dhû l-hijja**, il fut pratiqué par **Muhammad** qui y intégra des éléments de l'époque pré-islamique. – Le Pèlerinage mineur ou **'umra**, pratique surérogatoire, s'effectue à La Mekke autour de la **Ka'ba** et, lié ou non au hajj, attire des mérites à celui qui peut l'accomplir autant de fois qu'il veut et en n'importe quelle saison. – S'y ajoutent les « pèlerinages secondaires » ou **ziyâras**, mieux définis comme « visites pieuses », qui s'adressent à des objets de vénération situés partout dans le monde de l'islam. Leurs rituels non canoniques sont regroupés parfois sous le nom de « culte des **saints** ».

PERSONNES (statut des) – Défini par le droit religieux ou **fiqh** comme un statut discriminatoire. – Les musulmans sont soumis aux règles de la Loi religieuse ou **sharî'a** qui comporte des dispositions spécifiques pour les hommes libres, les **femmes** et les **esclaves**. – Les non-musulmans, intégrés à un rang inférieur dans la société musulmane en vertu de leur qualité (**juifs** et **chrétiens** notamment en tant que gens du Livre ou **ahl al-kitâb**), conservent leur religion à l'intérieur de leur communauté à condition d'observer les obligations fiscales et les interdictions que leur impose le statut de **dhimmis**. **V. noms de personnes**.

PÉTITION – Pour se plaindre des « abus » ou **mazâlim**. **V. ruq'a**.

PIERRE NOIRE (la) – En arabe *al-hajar al-aswad*. Appelée parfois aussi *al-hajar al-mustalam*, « la pierre que l'on touche ». – Pierre encastrée dans le mur de la **Ka'ba**, qui était déjà objet de vénération avant l'islam et que touchent les pèlerins accomplissant la circumambulation ou **tawâf** au cours du **hajj** ou de la **'umra**.

PILIERS de l'ISLAM – V. **arkân al-dîn**.

PIÉTÉ – Ou *birr* en arabe. Mentionnée explicitement dans un verset du **Coran** selon lequel elle consiste – à croire en Dieu, au jour du Jugement ou **yawm al-dîn**, au Coran et aux **prophètes**, – à donner du bien aux proches parents ou **dhawû l-qurba**, – à l'orphelin ou **yatîm**, au pauvre ou **maskîn**, au voyageur ou **ibn al-sabîl** ainsi qu'aux mendiants ou **sâ'ilûn**, – à accomplir la Prière rituelle ou **salât** et à verser l'Aumône légale ou **zakât**. – Une piété populaire existe par ailleurs, que caractérisent des dévotions non canoniques (oraisons personnelles, culte des **saints**) et des coutumes diverses, parfois teintées de **magie**, visant à rechercher le **secours** divin. V. **arkân al-dîn**, **'ibâdât** et **taqwâ**.

PIEUX – V. **muqarrabûn**, **muttaqûn** et **sâlihûn**.

PÎR – En milieu persan, personnage respecté pour son âge et son expérience **mystique**. D'où « guide spirituel, maître » d'une **confrérie soufie**. V. **cheikh**.

PÔLE – En matière de sainteté. V. **qutb**.

POLICE (préfet de) – V. **sâhib al-shurta**.

POLITIQUE – En accord avec la Loi religieuse V. **siyâsa shar'iya**.

POLYGAMIE – V. **mariage**.

PORC – Viande dont la consommation est interdite par le **Coran**. V. **interdits alimentaires**.

PORTE – En arabe, **bâb**, dont le sens figuré a donné naissance à un titre. – Modelée comme un **iwân**, joue un rôle dans l'organisation et le décor des édifices religieux tels que **mosquées**, **madrasas**, hôpitaux ou **mâristâns** et même **mausolées**.

PORTIQUE – V. **ahl al-suffa** et **riwâq**.

PRÉCESSEURS – V. **sâbiqûn**.

PRÉDESTINATION – En arabe, **qadâ'**. Admise, parfois avec réserve, par la plupart des **écoles théologiques**. – Seuls les **mu'tazilites** défendent le **libre arbitre** en limitant les effets du décret divin ou **qadar**. V. **jabrites**, **murjites** et **qadarites**.

PRÉDICATEUR – Ou sermonnaire. Officiel, piétiste ou populaire. V. **khatîb**, **qass** et **wâ'iz**.

PRÉDICATION – Se présente sous deux formes : – dans la grande-mosquée ou **jâmi'**, la prédication officielle du **khatîb** dont l'allocution ou **khutba** est d'orientation à la fois politique et religieuse ; – en des lieux fort divers et en dehors de toute réunion officielle de la **communauté**, le prêche ou **wa'z** du **wâ'iz**, parfois de tendance piétiste ou **mystique**, et les récits contés par le « sermonnaire populaire » ou **qass**.

PRÊT à INTÉRÊT – Terme juridique. V. **ribâ**.

PREUVE – V. **bayyina**, **burhân**, **dalîl**, **hujja** et **hujjat al-islâm**.

PRIÈRE – Désigne deux sortes de pratiques : – la Prière rituelle ou **salât**, utilisée pour les Prières quotidiennes obligatoires, les Prières surérogatoires ou **nawâfil** et la Prière solennelle du vendredi ; – les invocations libres et personnelles appelées **du'â'** ou **kunût**, auxquelles on peut ajouter diverses litanies, **dhikr** et **wird**, que récitent surtout les **soufis**.

PRODIGES ou MIRACLES des SAINTS – V. karamât.

PROFESSION de FOI – V. 'aqîda et shahâda.

PROPAGANDE – En matière politique et religieuse. V. da'wa.

PROPHÈTES – En arabe *nabi* pl. *anbiyâ'*. « Personnages chargés par Dieu de délivrer aux hommes un message » les menaçant du châtiment divin ou **'adhâb**, parmi lesquels prend place **Muhammad**, le « sceau des prophètes » ou **khatam al-anbiyâ'**. – Ceux que le **Coran** mentionne sont, pour certains, connus de récits bibliques où ils ne portaient que rarement le nom de prophètes : **Adam** et les siens, **Nûh**/Noé, **Ibrâhîm**/Abraham, **Lût**/Loth, **Ishâq**/Isaac, **Ismâ'îl**/Ismaël, **Ya'qûb**/Jacob, **Yûsuf**/Joseph, **Mûsâ**/Moïse, **Shu'ayb**/Jethro, **Hârûn**/Aaron, **Dâwûd**/David, **Sulaymân**/Salomon, **Ilyâs**/Élie, **al-Yasa'**/Élisée, **Dhû l-Kifl**/Ézéchiel, **Ayyûb**/Job, **Yûnus**/Jonas, **Zakariyâ'**/Zacharie, **Yahyâ**/Jean et **'Isâ**/Jésus. – S'y ajoutent des personnages qui auraient été envoyés à des tribus arabes anciennes et précéderaient donc directement Muhammad, tels **Hûd** et **Sâlih**. V. nubuwwa et qissa.

PROPRIÉTÉ – Terme juridique. V. milk.

PROSTERNATION – Au cours de la Prière rituelle ou **salât**. V. sujûd.

PROVINCES – Du **dâr al-islâm**. V. émir, gouverneurs, wâli et wilâya.

PUISSANT (le) – Un des qualificatifs de Dieu. V. 'Azîz (al-).

PURDAH – « Réclusion ». Terme utilisé en Inde pour désigner la situation de la **femme** contrainte de rester chez elle ou de sortir avec un **voile**. V. harem.

PURETÉ RITUELLE – Ou pureté légale. En arabe *tahâra*. Obtenue par le moyen des **ablutions**. – Nécessaire à l'accomplissement de pratiques religieuses telles que la Prière rituelle ou **salât**. V. ablutions, sacralisation et **zakât**.

PURS (les) – Expression coranique. V. abrâr.

— Q —

QÂBIL – Ou Caïn. Personnage biblique mentionné par le **Coran**.

QABR – V. 'adhâb al-qabr, mausolée, mort et tombe.

QABÛL – « Acceptation ». Terme juridique figurant dans les contrats de **vente** pour exprimer l'assentiment de l'acheteur. Correspond à la réception de l'objet. V. îjâb.

QADÂ' – « Décision ou sentence » ; de là, la « fonction de cadi ». – Dans le vocabulaire théologique, le terme signifie aussi **prédestination**.

QADAM – « Empreinte de pied » de **prophète** ou de **saint**, expliquant la vénération de certaines pierres. – Une empreinte du pied d'**Ibrâhîm**/Abraham se trouverait ainsi marquer la pierre vénérée près de la **Ka'ba** et appelée **maqâm** d'Ibrâhîm. – D'autres rochers sont considérés comme sacrés, partout dans le monde musulman, et des **mosquées** ont été en Inde construites en l'honneur d'empreintes du pied de **Muhammad** ou *qadam-i rasûl* marquant des pierres apportées d'Arabie par des pèlerins.

QADAR – « Décret divin ». V. jabrites, libre arbitre, murjites et qadarites.

QADARITES – Sont ainsi appelés les partisans du **libre arbitre** humain qui, loin de reconnaître l'importance du décret divin ou **qadar**, le limitent de façon à laisser une place à la responsabilité de chaque homme. V. jabrites, murjites et mu'tazilites.

QADHF – Dans le langage juridique, « imputation calomnieuse de fornication » ou *zinâ'*.

QÂDI – V. cadi.

QADÎR (al-) – « Le Tout-puissant ». Un des **Beaux noms de Dieu**.

QÂDIRIYA – **Confrérie soufie** fondée au XIIe siècle par 'Abd al-Qâdir al-Jilâni (m. 1165), qui se répandit en Irak, Syrie, Anatolie, Inde et Afrique.

QÂHIRA (al-) – « La Victorieuse ». Nom arabe de la ville du **Caire**.

QÂ'IDA, pl. **QAWÂ'ID** – Dans la langue religieuse, « règle, principe établi ».

QALAM – Plume taillée dans du bambou ou du roseau. V. calame.

QALANDARIYA ou **KALENDERS** – **Confrérie soufie** apparue au Khorassan au XIIIe siècle, qui se répandit jusqu'en Inde et dont les membres se caractérisaient par des mœurs insolites et des pratiques ascétiques étranges.

QALANSUWA – Élément de la coiffure masculine qui, au Moyen Âge, se trouvait sous le turban ou **'imâma** et que portaient les grands personnages, notamment le **calife**.

QALB – Ou « cœur ». – Organe de la connaissance de Dieu dans le **Coran**. – Organe de la conscience et fondement de la personnalité pour les auteurs **mystiques** qui considèrent le **soufisme** comme la « science des cœurs » ou **'ilm al-qulûb**. V. 'aql, nafs, rûh et ta'lîf al-qulûb.

QANÛN – Terme d'origine grecque. – « Règlement administratif » qui, sous les Ottomans, précise l'application d'une disposition de la Loi ou **sharî'a** et parfois la modifie en introduisant un droit profane **sultanien**. Porte le plus souvent sur le droit pénal ou les règles fiscales.

QARA'A – « Lire, réciter ». Verbe dont la racine sert à former plusieurs mots du vocabulaire religieux, parmi lesquels le terme *Qur'ân* devenu en français **Coran**. V. iqra', qâri' et qirâ'a.

QÂRI', pl. QURRÂ' – « Lecteur » du **Coran** qui connaît et suit les règles établies pour sa psalmodie, – soit un lecteur de profession, rétribué pour lire le Coran dans un **mausolée** par exemple, – soit un homme pieux adonné à l'étude et à la récitation du texte sacré. – Le pluriel s'applique plus particulièrement aux sept « lecteurs » qui ont défini les variantes autorisées ou **lectures** admises dans le monde **sunnite**.

QARÎ'A (al-) – « Celle qui fracasse ». Titre d'une **sourate** ancienne du **Coran** annonçant la fin du monde. **V. yawm al-dîn.**

QARMATES ou CARMATHES – En arabe *al-Qarâmita*. Adeptes d'un **mouvement politico-religieux** né de l'**ismaélisme chiite**, qui avait été fondé par Hamdân Qarmat dans la région de Koufa et qui reconnaissait comme VIIe **imâm Muhammad ibn Ismâ'îl**. – Se révoltèrent en 899 contre les autorités ismaéliennes de Salamya, en Syrie, où le dernier agitateur du groupe fut capturé par les armées **abbassides**, puis exécuté à Bagdad en 904. D'autres rebelles visèrent Koufa, mais furent éliminés en 907. Un autre groupe, installé au Bahreïn en 886, avait attaqué Basra et les caravanes du **hajj**, allant jusqu'à emporter la **Pierre noire** de la **Ka'ba** en 929 (restituée en 951). – En conflit avec les **Fatimides**, disparurent au cours du XIe siècle.

QASR, pl. QUSÛR – **V. palais.**

QASS, pl. QUSSÂS – « Sermonnaire populaire », contant sur la voie publique des récits édifiants ou *qasas* à orientation théologique et politique. D'où une activité volontiers contrôlée par les autorités. **V. wâ'iz.**

QAT' al-TARÎQ – Objet d'une peine légale ou **hadd**. **V. brigandage.**

QAYSARIYA ou KAÏSARIE – « Édifice abritant le commerce des marchandises précieuses » que contrôlait spécialement le **muhtasib**. – Le terme, d'origine antique, fut remplacé en Orient par **khân** et au Maghreb par *funduq*, généralement traduits par « caravansérail », quoique de plus large acception. **V. bazar, hisba** et **marché.**

QAYYIM al-KITÂB – « Le mainteneur du Livre ». Une des appellations de l'**imâm** chez les **chiites**.

QAYYÛM (al-) – « Le Subsistant ». Un des **Beaux noms de Dieu.**

QIBLA – Direction de **La Mekke**, vers laquelle le fidèle doit se tourner pour accomplir la Prière rituelle ou **salât**. Toute mosquée ou **masjid** est orientée par son mur de fond ou mur *qibli* que marque la niche du **mihrâb**. – **Muhammad** avait d'abord adopté la direction de **Jérusalem**. Mais après la bataille du Fossé ou **Khandaq** et l'exécution des **juifs** de la tribu Qurayza, il adopta, comme l'indique un verset du **Coran**, la direction qui devint définitive. **V. abrogation.**

QIMÂR – « Jeu de hasard ». Interdit par le **Coran**.

QIRA'A, pl. QIRA'ÂT – **V. lectures coraniques.**

QIRÂD – Dans le langage juridique, « commandite, association du capital et du travail pour une opération commerciale ». La commandite permet de prêter de l'argent et de percevoir une part du bénéfice réalisé en échappant à l'interdiction du « prêt à intérêt » ou **ribâ**.

QIRÂN – Manière d'accomplir le **Pèlerinage** à **La Mekke**, qui consiste à faire la **'umra** et le **hajj** réunis. V. **tamattu'**.

QISÂS – Dans le langage du droit religieux ou **fiqh**, « talion ». – Pratique ancienne en Arabie qui fut reconnue par le **Coran** avec quelques adoucissements accordant par exemple au représentant de la victime un droit de vengeance ou **tha'r** qui doit rester modéré, à moins qu'il ne soit fait grâce au coupable moyennant le versement du prix du sang, la **diya**.

QISSA, pl. **QISAS** – « Récit, conte ». – Les *qisas al-anbiyâ'* ou « récits sur l'histoire des **prophètes** », relatés dans des ouvrages spécifiques qui portent ce titre, reposent sur le **Coran**, mais aussi sur des traditions ultérieures de diverses origines.

QIYÂMA – Selon le **Coran**, « résurrection des morts » au jour du Jugement ou **yawm al-dîn**. – « Résurrection spirituelle » pour les **chiites** qui l'interprètent comme le retour du dernier **imâm** qu'ils attendent. On connaît en particulier la proclamation de la **qiyâma** qui fut faite chez les **nizaris** en 1164. V. **résurrection des morts**.

QIYÂS – « Raisonnement par analogie ». – Utilisé par les juristes ou **faqîhs** pour résoudre des problèmes de droit religieux non prévus par les textes. – S'imposa d'abord dans l'**école juridique** du **chaféisme**, après qu'al-Shâfi'î (m. 820) en eut précisé le fonctionnement en se fondant sur la recherche de la « cause effective » ou **'illa** d'une décision qui pouvait entraîner d'autres décisions non prévues. – Plus tard al-Ghazâli (m. 1111) chercha à en justifier la nature logique.

QOM ou **QUMM** – Ville sainte du **chiisme imamite** en Iran, où se trouve la **tombe** de la sœur du VIIIe **imâm 'Ali al-Ridâ**. Ce sanctuaire vénéré, qui est objet de visites pieuses ou **ziyâras**, est entouré aussi de nombreuses **fondations religieuses** et de **madrasas** destinées à former les **mollas**.

QOREÏCH ou **QURAYSH** – Tribu arabe de La Mekke, à laquelle appartenait **Muhammad**. – Comptait deux clans importants, **Hachimides**, dont Muhammad faisait partie, et clan de 'Abd Shams, plus puissant. – Les **Omeyyades** qui prirent le pouvoir en 660 appartenaient aux 'Abd Shams, tandis que les **Abbassides**, dont l'avènement se situe en 750, descendaient d'al-'Abbâs, oncle de Muhammad. – Les juristes ou **faqîhs sunnites** établirent que le **califat** ne pouvait être exercé que par un descendant de Qoreïch.

QUALIFICATION des ACTES HUMAINS – V. **hukm**.

QUBBA ou **QOUBBA** – « Coupole ». – S'applique également à l'édifice tout entier quand il s'agit de **mausolées** et de petits sanctuaires ou **mazars** gardant le souvenir de quelque **saint** et abritant quelque objet vénéré. – Dans le Maghreb, on désigne aussi ces constructions sous le nom de **marabouts**. V. **murâbit**.

QUBBAT al-SAKHRA – V. Coupole du Rocher.

QUDDÛS (al-) – « Le Saint ». Un des **Beaux noms de Dieu**.

QUDS (al-) – Nom actuel de **Jérusalem**. Formé sur une racine signifiant « sainteté ».

QUDSI – « Saint, sacré ». – Qualification attribuée à une tradition ou **hadîth** qui reproduirait la parole de Dieu, connue de **Muhammad** par inspiration.

QUINT – En arabe, **khums**. – Le cinquième du butin ou **ghanîma** fait lors d'une conquête doit revenir, selon le **Coran**, à **Muhammad** qui en distribuera une partie. – Le principe ne fut pas ensuite appliqué sur les **terres**, considérées par le deuxième **calife** 'Umar comme un bien indivisible de la **communauté**. – Pour les **chiites ismaéliens**, le quint réservé au chef de la communauté devait être prélevé non seulement sur le butin éventuel, mais aussi sur les revenus des fidèles.

QUL – Esclave, en turc. Désigne plus particulièrement les esclaves des **sultans** ottomans.

QUMM – Ville sainte d'Iran. **V. Qom**.

QUR'ÂN – V. Coran.

QURAYSH (tribu de) – V. Qoreïch.

QURRÂ' – Pl. de **qâri** ou « lecteurs du **Coran** ».

QUTB – « Pôle ». – Nom donné au **saint** qui se situe, selon certaines doctrines **soufies**, à la tête d'une hiérarchie de **saints apotropéens** appelés **abdâl** et **abrâr**. – À chaque moment ce « pôle » porterait mystérieusement la charge du monde. **V. ghawth**.

— R —

RABB – « Maître, seigneur » en parlant de Dieu à qui le terme, fréquent dans le **Coran**, est le plus souvent réservé. **V. rubûbiya**.

RABB al-'ÂLAMÎN – « Maître ou seigneur des mondes ». **V. 'âlam**.

RABÎ' I et II – Troisième et quatrième mois **lunaires** de l'année **hégirienne**. – En rabî' I sont commémorées la naissance et la mort de **Muhammad** lors de la fête du **mawlid**. – En rabî' II les membres de la confrérie des **Qadiriya** célèbrent, en Inde, une fête en la mémoire de leur fondateur 'Abd al-Qâdir al-Gilani.

RACHIDOUN – Appellation désignant les quatre premiers **califes**. **V. Râshidûn**.

RAHBÂNIYA – V. monachisme.

RAHÎM (al-) – « Le Miséricordieux ». Un des **Beaux noms de Dieu**. Popularisé dans la **basmala**. **V. rahma**.

RAHMA – « Clémence, miséricorde, bienfaisance ». Une des qualités centrales de Dieu selon le **Coran**. D'où les qualificatifs **Rahmân** et **Rahîm**.

RAHMA (jabal al-) – « Mont de la Miséricorde ». Dominant la plaine de **'Arafât** où se tient la « station » ou **wuqûf** du **hajj**. Son accès fut aménagé dès le Moyen Âge et son sommet couronné d'un petit sanctuaire ou **qubba**, auprès duquel on dressait au XIIe siècle, pendant le hajj, les **étendards** du **calife**.

RAHMÂN (al-) – « Le Clément ». Un des **Beaux noms de Dieu**. Popularisé dans la **basmala**. V. **'Abd al-Rahmân** et **rahma**.

RAHN – Dans le langage juridique, « nantissement » ou somme donnée en gage.

RAISON – V. **'aql** et **rationalistes**.

RAISONNEMENT – V. **'aql**, **qiyâs**, **'ulûm al-'aqliya** et **usûl al fiqh**.

RAJAB – Septième mois de l'année **hégirienne**, souvent qualifié de *fard* « isolé ». C'est au cours de ce mois que se produisit le Voyage nocturne ou **isrâ'** de **Muhammad** qui y est commémoré.

RAJÎM (al-) – Le « lapidé ». Ou, plus exactement, « celui qui mérite d'être lapidé », c'est-à-dire le « maudit ». – Épithète se trouvant dans le **Coran** et s'appliquant à **Iblîs** appelé souvent **al-Shaytân** al-rajîm ou « le Démon maudit ».

RAK'A – Séquence de la Prière rituelle ou **salât**. Une *rak'a* comprend : – la récitation de la **Fâtiha**, – une inclinaison effectuée en appuyant les mains sur les genoux, – le redressement, – une prosternation ou **sujûd**, – une seconde prosternation et la récitation de la « confession de foi » ou **shahâda** en position accroupie.

RAMADÂN – Neuvième mois de l'année musulmane, au cours duquel on pratique le Jeûne ou **sawm**. Qualifié de « vénéré ». – On y célèbre la « nuit du destin » ou **laylat al-qadar** et le mois se termine par la « petite fête » du **'îd al-saghîr**.

RÂSHIDÛN – « Bien dirigés ». Qualificatif par lequel on désigne les quatre premiers **califes** de l'islam, **Abû Bakr**, **'Umar**, **'Uthmân** et **'Ali**, choisis par élection, après la mort de **Muhammad**, parmi ses premiers **Compagnons**.

RASÛL ou **RASÛL ALLÂH** – Qualificatif de **Muhammad**. V. **envoyé**.

RATIONALISTES – Terme utilisé parfois pour désigner les **mu'tazilites** qui ont cherché à présenter les données de leur « croyance » ou **îmân** comme conformes à la « raison » ou **'aql**. Ils n'ont jamais pensé que la raison permettait d'atteindre la vérité : le terme « rationalisants » serait donc préférable.

RAWÂFID – « Ceux qui rejettent ». Terme péjoratif employé par les **sunnites** pour désigner les **chiites** qui récusent ou « rejettent » la légitimité des trois premiers **califes** parmi les **Râshidûn**.

RAWDA – « Parterre ». Un des termes employés pour désigner la **tombe**, le plus souvent quand il s'agit de celle d'un **saint**. – S'applique à deux emplacements vénérés à l'intérieur de la **mosquée** de **Médine** : – l'endroit où se tenait **Muhammad** à côté du **minbar** ; – l'espace clos qui renferme sa tombe ainsi que celles d'**Abû Bakr** et de **'Umar**, ses anciens **Compagnons** devenus les deux premiers **califes**.

RA'Y – « Opinion personnelle ». – Utilisée, par certains juristes ou **faqîhs** s'opposant aux **traditionalistes**, pour élaborer le droit religieux ou **fiqh**. – Parmi les **écoles juridiques**, le **hanafisme** y eut le plus volontiers recours. V. **ijtihâd**.

RAYÂT – V. **étendards**.

RÉALITÉ RELIGIEUSE et SPIRITUELLE – V. **haqq**.

RÉCITATION – V. **Coran, iqra', qara'a, qâri'** et **qirâ'a**.

RECOMMANDÉ – Qualificatif juridique utilisé pour les **actes humains**. V. **hukm, mandûb** et **ma'rûf**.

RECONNAISSANCE JURIDIQUE – Ou « aveu ». V. **iqrâr**.

RÉFLEXION – Dans le vocabulaire du **Coran**. V. **'aql**. – Dans le langage juridique. V. **fiqh** et **ijtihâd**.

RÉFORMISME – Pratiqué à la fin du XIXe siècle. V. **islâh**.

RÈGLEMENT ADMINISTRATIF – Modifiant une disposition de la Loi ou **sharî'a**. V. **qânûn**.

RELIGION – V. **dîn, milla** et **millet**.

REPENTIR – V. **tawba, nadama** et **yawm al-hasara**.

RÉPRÉHENSIBLE – Qualificatif juridique utilisé pour les **actes humains**. V. **hukm, makrûh** et **munkar**.

RÉPUDIATION – En arabe *talâq*. Selon le droit religieux ou **fiqh**, consiste à dire trois fois : « Je te répudie » et ne peut être révoquée, à moins que la femme ait été remariée et répudiée entre-temps. – En ce cas le mari doit verser à sa femme la totalité de la dot ou **sadâq**. V. **divorce** et **mariage**.

RESPONSABILITÉ – De l'homme. V. **libre arbitre**. – Terme juridique. V. **damân** et **mukallaf**.

RÉSURRECTION des MORTS – En arabe **qiyâma** qui signifie aussi la « résurrection spirituelle » attendue par certains **chiites**. – Se situe, selon le **Coran**, à la fin du monde et correspond au jour du jugement ou **yawm al-dîn**. – Les **falâsifa** admettent difficilement cette notion qui constitue en revanche, comme d'autres thèmes **eschatologiques**, un sujet favori de la littérature populaire appuyée sur des traditions ou **hadîths**.

RÉVÉLATION – Notion fondamentale de l'islam. – Exprimée notamment par les termes arabes **furqân, iqra', nuzûl, tanzîl** et **wahy**. – Le **Coran** est considéré comme un texte intangible, en **langue arabe**, dicté par Dieu à **Muhammad** par l'intermédiaire de l'**ange Jibrîl**. D'où les difficultés rencontrées par certaines **exégèses**. V. **Coran** « **créé** ».

RIBÂ – Ou « prêt à intérêt », parfois « usure ». Condamné par plusieurs versets du **Coran**, dont l'un précise : « Ô vous qui croyez, ne vivez pas de l'usure produisant le double deux fois. » – Proscrit de façon absolue par les juristes ou **faqîhs**, ce qui n'a pas empêché jadis de recourir à des pratiques illégales ou bien de tourner légalement l'interdiction par divers moyens, dont la « commandite » ou **qirâd**. – À l'époque contemporaine, le ribâ s'est répandu à des taux non usuraires et a permis le développement des banques qui le justifient en présentant l'intérêt versé comme la rémunération d'un service.

RIBÂT – Édifice accueillant anciennement les hommes de religion et surtout « fortin » occupé, sur la frontière terrestre ou maritime du **dâr al-islâm**, par des combattants du **jihâd**, les **murâbitûn**, qui y vivaient en pratiquant les obligations du culte ou **'ibâdât**. Tels étaient les ribats de Tunisie remontant au IXe siècle aghlabide. – Désigna aussi, parmi d'autres termes, les « **couvents** » de **soufis**. – En Iran, « caravansérails » servant de halte protégée pour des voyageurs et leurs marchandises.

RIDÂ – Dans le langage des **mystiques**, « agrément divin ». Une des étapes que doit franchir le **soufi** dans sa vie spirituelle. **V. 'Ali al-Ridâ, hâl, manzil** et **maqâma**.

RIDDA – « Apostasie ». – S'appliqua d'abord à la rébellion des **tribus** arabes qui refusèrent, après la mort de **Muhammad**, d'obéir au premier **calife**, **Abû Bakr**, et qui furent combattues vigoureusement. – Désigna ensuite tout abandon, par un musulman, de la pratique ou des convictions de l'islam. Punie de mort selon une peine légale ou **hadd**.

RIDWÂN (bay'at al-) – « Serment de la satisfaction ». Serment d'allégeance ou **bay'a** prêté à **Muhammad** par ses **Compagnons** s'engageant à le suivre dans toutes ses décisions, au moment où se négociait avec les **Mekkois** le pacte de **Hodeïbiya**. Appelé aussi bay'at **al-Shajara**.

RIFÂ'IYA – **Confrérie soufie** fondée en Irak par Ahmad al-Rifâ'i (m. 1182), qui, tout en se répandant jusqu'en Inde, prospéra surtout en Anatolie.

RISÂLA – « Épître, traité ». – Dans le langage théologique, « mission du prophète-législateur » ou **rasûl**.

RITES – Terme employé souvent pour désigner les **écoles juridiques**, parce que les **'ibâdat** ou « actes cultuels d'adoration » présentés en première partie des traités de droit religieux ou **fiqh** ne concernent que des obligations rituelles. Appellation vieillie.

RIWÂQ – « Portique » existant, dans la majorité des structures de **mosquées**, sur les côtés de la cour ou **sahn** attenant à la salle de prière.

RIWÂYA – « Transmission écrite » d'une Tradition ou **hadîth** ou bien d'un ouvrage portant sur les **sciences religieuses**.

RIYÂ' – « Hypocrisie » en religion, notamment celle des faux dévots. **V. munâfiq**.

ROCHER – En arabe *sakhra*. **V. coupole du Rocher**.

ROYAUTÉ de DIEU – Ou pouvoir. **V. mulk lillâh (al-)**.

RUBÛBIYA – « Pouvoir seigneurial de Dieu ». Terme formé à partir du mot **rabb** que mentionne fréquemment le **Coran**.

RÛH – « Esprit ». Figure dans le **Coran** avec des sens divers, dont celui d'« Esprit divin » qui apparaît à **Maryam** dans le récit de l'annonciation. – Plus généralement, désigne « l'âme, l'essence d'une chose ». – Appliqué à l'homme, serait l'équivalent de **nafs** ou « âme », de **qalb** ou « cœur » et même de **'aql** ou « réflexion ». Désigne aussi le principe vital ou le souffle.

RUQ'A – « Pétition » ou requête que le musulman pouvait faire remettre au souverain ou à son représentant pour se plaindre d'un « abus ». **V. dâr al-'adl** et **mazâlim.**

RU'YAT ALLAH – « Vision de Dieu » au **paradis**. – Considérée comme possible par la plupart des théologiens **mutakallimûn**, mais comme impossible par les **mu'tazilites**.

— S —

SÂ'A – Selon le **Coran**, l'« Heure » à laquelle on n'échappe point, celle du jour du jugement ou **yawm al-dîn**.

SABAB, pl. **ASBÂB** – Dans le langage théologique, « moyen, motif, cause ». **V. asbâb al-nuzûl.**

SABB – « Injure ». – Le fait d'injurier **Muhammad** entraîne la **peine de mort** pour les musulmans, mais aussi pour les **dhimmis**.

SABÎL – Dans la langue religieuse et littéraire, « chemin » : la formule *fî sabîl Allâh*, qui signifie « dans la voie de Dieu », figure dans le **Coran**, de même que l'expression *ibn al-sabîl* ou « fils du chemin » pour « le voyageur ». – Désigna ensuite les **fontaines publiques** dont la construction dans les villes musulmanes, à l'intention des « pauvres » et des voyageurs, était comptée au nombre des **fondations pieuses**.

SÂBIQÛN – Les « précesseurs ». Mentionnés dans le **Coran** comme proches de Dieu parmi les **élus**. – Selon certains commentateurs, sont ainsi appelés les premiers musulmans, c'est-à-dire ceux qui ont prié dans les deux directions, **Jérusalem** et **La Mekke**, qui ont émigré après l'**hégire** et participé à la bataille de **Badr**.

SABR – « Constance, patience ». – Recommandée par le **Coran** ainsi que par les **soufis**. Un des traits qui caractérisent le musulman dévot.

SACRALISATION – En arabe, *ihrâm*, du verbe **ahrama**. Pratiquée avant le **Pèlerinage** à La Mekke, **hajj** ou **'umra**. – Comporte divers rites, effectués lorsque le pèlerin pénètre dans le **Haram** à des points d'entrée précis ou **mîqât** : **ablutions**, accomplissement de **rak'as** et abandon des **vêtements** usuels pour une tenue spéciale faite de deux pièces de tissu non cousues.

SACRIFICE (jour du) – Journée du 10 **dhû l-hijja**, au cours de laquelle les pèlerins accomplissant le **hajj** procèdent, dans la vallée de **Minâ**, au sacrifice rappelant le sacrifice d'**Ibrâhîm**/Abraham et imité à la même date, dans tout le monde musulman, lors de la célébration de la grande Fête du **'îd al-kabîr**. V. **dhabh, dhabîha** et **manhar.**

SADÂQ – « Dot » ou plutôt douaire que le mari doit payer à sa femme lors du contrat de **mariage**, mais dont il ne paye généralement qu'une partie, l'autre devant être versée plus tard, selon les modalités précisées par le contrat. – En cas de **répudiation**, la dot entière doit être versée. V. **mahr** et **naqd.**

SADAQA – « Aumône ». Terme pouvant désigner soit l'Aumône obligatoire ou **zakât**, définie par le **Coran**, soit une donation individuelle.

SAFÂ (al-) – Éminence proche de la **Ka'ba** à **La Mekke**, d'où le pèlerin doit gagner un monticule voisin, appelé **al-Marwa**, puis en revenir, le tout à plusieurs reprises selon les rites de la « course » ou **sa'î**.

SAFAR – Deuxième mois **lunaire** de l'année **hégirienne**. Souvent qualifié de « bon » ou *khayr*.

SAGESSE – V. **bayt al-hikma, dâr al-hikma, hikma** et **ishrâq.**

SAHÂBA – Pl. de **sâhib** au sens de **Compagnons** de Muhammad.

SÂHIB, pl. **ASHÂB** – « Compagnon, maître, auteur ou possesseur » selon des sens variés qui apparaissent aussi dans diverses expressions comme **sâhib al-hût, sâhib al-shurta** et **sâhib al-zamân**. – Le pluriel *ashâb* participe, dans le **Coran**, à diverses appellations, destinées à évoquer le châtiment ou la récompense des **damnés** et des **élus**, telles qu'**ashâb al-janna, al-mash'ama, al-maymana** et **al-nâr**.

SÂHIB al-HÛT – « L'homme au poisson ». V. **Yûnus.**

SÂHIB al-SHURTA – « Préfet de police ». Chargé d'assurer, à l'intérieur du **dâr al-islâm**, le maintien de l'ordre public, en vertu des pouvoirs réguliers du souverain, et d'exécuter les sentences rendues par le **cadi** contre les coupables soumis à une peine légale ou **hadd**.

SÂHIB al-ZAMÂN – « Maître du temps ». Titre donné par les **chiites imamites** à leur XIIe **imâm** disparu en occultation ou **ghayba, Muhammad al-Muntazar.**

SAHÎFA – Litt. « feuille » de parchemin ou, plus tard, de papier. – Nom du « pacte » qui, à **Médine**, établit la **communauté** dont la **solidarité** se substituait à l'ancienne solidarité **tribale**. Souvent appelé « constitution de Médine ».

SAHÎH – « Bon, valable ». Dans le langage juridique, qualificatif s'appliquant généralement à une Tradition ou **hadîth** dont on accepte l'authenticité. – Deux recueils de hadiths, notamment celui d'al-Bukhari (m. 870), portent ainsi le titre *al-Sahîh*. V. **dâ'if, hasan, mashhûr, mutawâtir** et **qudsi.**

SAHN – Cour de grande-mosquée ou **jâmi'.**

SA'Î – « Course ». Un des rites du **Pèlerinage** consistant à courir entre les deux éminences d'**al-Safa** et d'**al-Marwa**. – Commémore la course de

Hâjar/Agar cherchant de l'eau dans le désert pour son fils **Ismâ'îl**. – Comporte plusieurs parcours ou **shawt**.

SÂ'ILÛN – Les « mendiants ». Mentionnés par le **Coran** qui recommande de ne pas les repousser. **V. maskîn, pauvreté** et **piété**.

SAINT, SAINTETÉ – En arabe **walî**, pl. *awliyâ'*, signifie « ami », d'où « ami de Dieu », d'où « saint ». – Au début de l'islam, la sainteté est une notion inconnue du **Coran** qui mentionne seulement des personnages qualifiés, soit de « pieux et vertueux », les **sâlihûn**, soit de « proches [de Dieu] », les **muqarrabûn**, dont il est question parmi les **élus**. – Fut consacrée par des pratiques populaires consistant à prendre pour buts de « visite pieuse » ou **ziyâra** les **tombes** et **mausolées** de divers personnages, **soufis** le plus souvent, ayant accompli des « prodiges » ou **karamât**, conférant donc la bénédiction ou **baraka** que l'on recherchait aussi dans des **mazars** abritant des objets ou emplacements sacrés. – Ce culte se développa à partir du Xe siècle et des « guides des pèlerinages » furent écrits au XIIe, qui mentionnent, parmi les « saints », des **prophètes**, des **Compagnons** de **Muhammad**, des **mystiques** souvent fondateurs de **confréries**, certains juristes ou **faqîhs** ainsi que des **oulémas** sans oublier les **imâms chiites** et autres **'Alides** révérés.

SAINTS APOTROPÉENS ou **PROTECTEURS** – Groupe de **saints** dont la hiérarchie serait couronnée par la présence du plus puissant d'entre eux, le « pôle » ou **qutb**.

SA'ÎR – Le « brasier ». Un des noms de l'**enfer**, employé à plusieurs reprises dans le **Coran**. **V. Jahannam, nâr** et **saqar**.

SAJJÂDA – « **Tapis** de prière », servant à la prosternation ou **sujûd** lors de la Prière rituelle ou **salât**. Le plus souvent individuel et transportable, orné d'un motif d'arc évoquant la niche du **mihrâb**. – Considéré chez les **soufis** comme pouvant transmettre l'influence surnaturelle dont jouit le **saint**. Parfois aussi, l'emblème d'une **confrérie**.

SAKHRA (qubbat al-) – **V. coupole du Rocher**.

SAKÎNA – Dans le texte du **Coran**, « sérénité » ou « présence de Dieu qui réconforte les musulmans en situation difficile ». – Pour les **soufis**, il s'agirait d'une illumination intérieure.

SALAF – « Les ancêtres » ou « les anciens ». – Réputés pour leurs interprétations **littéralistes** du **Coran** et choisis comme guides par les **traditionalistes** qui voient en eux les garants de la fidélité à la **sunna**.

SALAFIYA – Mouvement prônant le retour à la religion des ancêtres ou **salaf**. – A donné naissance, au XIXe siècle, à la tendance appelée « réformisme » ou **islâh**. **V. taqlîd**.

SALÂM – « Salut, paix », dans un sens différent du terme **sulh**. – Figure à diverses reprises dans le **Coran**, où l'expression *dâr al-salâm*, « demeure du salut », désigne le **paradis**. – La valeur propitiatoire qu'on lui reconnaît apparaît dans diverses formules : noms choisis pour des villes nouvellement créées comme *dâr al-salâm* ou **madînat al-salâm** aussi bien que **salutations** usuelles comme **al-salâm 'alayka** ou **'alayhi l-salâm**. V. **sallama** et **salima**.

SALÂM 'ALAYKA (al-) ou **'ALAYKUM** – « La paix ou le salut soit sur toi ou sur vous. » Formule de **salutation**, recommandée par le **Coran** et devant être pratiquée seulement entre musulmans. V. **bienséance**.

SALAMALEC – V. **salutations**.

SALÂT – En milieu irano-turc **namaz**. Prière rituelle faite de formules et de gestes groupés en **rak'as**. – Accomplie isolément ou en groupe et imposée cinq fois par jour à des heures définies de la course du **soleil** ne coïncidant pas exactement avec les moments principaux de cette course, soit – après l'aube ou **subh**, – à midi, après le zénith ou **zuhr**, – au milieu de l'après-midi ou **'asr**, – avant le coucher du soleil ou **maghrib**, – pendant la nuit ou **ishâ'**. Exécutée en état de **pureté rituelle**, privément sur un **tapis** de prière ou **sajjâda**, collectivement dans un oratoire ou **masjid** comme à la grande-mosquée ou **jâmi'**. – Une salât solennelle appelée **salât al-jum'a** se tient, à la grande-mosquée, le **vendredi** à midi et réunit les membres de la **communauté** masculine d'une même localité. Elle comporte : – une allocution ou **khutba**, – une introduction par laquelle le fidèle, debout, lève les mains en prononçant la formule **Allah akbar**, « Dieu est grand », – deux rak'as, – une formule de bénédiction sur **Muhammad** ou **taslîm**. D'autres Prières rituelles sont célébrées dans certaines circonstances, solennelles ou privées, et accomplies parfois de manière facultative ou surérogatoire. V. **nawâfil, tarawîh** et **tahajjud**.

SALÂT al-'ÎDAYN – « Prière rituelle des deux **fêtes** ». Rassemble une foule importante et peut être célébrée dans un lieu autre que la grande-mosquée ou **jâmi'**, autrefois dans le **musallâ** qui était extérieur à la localité. V. **'îd al-kabîr (al-)** et **'îd al-saghîr (al-)**.

SALÂT al-ISTISQÂ' – Prière rituelle célébrée « pour demander la pluie », qui se déroule en plein air.

SALÂT al-JANÂZA – « Prière rituelle funèbre ». Accomplie, après la **mort** d'un musulman, soit dans une **mosquée**, soit dans un espace proche de la demeure du défunt. Elle comporte quatre **rak'as**.

SALÂT al-KHAWF – « Prière rituelle de la crainte ». Accomplie avant le combat guerrier, en face de l'ennemi dont on redoute une attaque.

SALÂT al-KUSÛF – « Prière rituelle de l'éclipse ». Se tient à la grande-mosquée ou **jâmi'**, en cas d'éclipse du **soleil** ou de la **lune**.

SALÂT al-MUSÂFIR – « Prière rituelle du voyageur ». Raccourcie à deux **rak'as** et accomplie en voyage.

SÂLIH – **Prophète** envoyé à la **tribu arabe** de Thamoûd, dont le **Coran** évoque à diverses reprises la prédication infructueuse auprès de son peuple.

SÂLIHÛN – Dans le **Coran**, « les personnages pieux et vertueux » à qui Dieu prodigue ses bienfaits. Désignés plus rarement comme **siddîqûn**. V. **muqarrabûn** et **muttaqûn**.

SALIMA – « Être sain ou en sécurité ». Verbe dont la racine a servi à former plusieurs mots du vocabulaire religieux. **V. aslama, islâm, muslim, salâm** et **sallama.**

SALLÂ ALLÂH 'ALAYHI wa-SALLAMA – « Que Dieu lui accorde bénédiction et salut ». – Formule devant accompagner le nom de **Muhammad** chaque fois qu'un musulman pieux le prononce ou l'écrit.

SALLAMA – « Accorder le salut » ou **salâm**. **V. salima** et **sallâ Allâh 'alay-hi wa-sallama.**

SALUTATIONS – Nombreuses et conseillées par la **bienséance**. – Sont réservées à l'usage entre musulmans les formules **al-salâm 'alayka** ou **'alaykum**. « Paix sur toi » ou « sur vous », auxquelles on répond par **'alayka** ou **'alaykum al-salâm** et que désigne en français, par l'intermédiaire du turc, le terme « salamalecs ». **V. salâm.**

SAMÂ' – « Audition », avec deux acceptions différentes : – le « certificat d'audition », c'est-à-dire le texte, inscrit sur un manuscrit, par lequel un étudiant ou **tâlib** mentionne qu'il a suivi le cours d'un professeur et certifie la teneur de ce qu'il a noté pendant les **majlis** ou « séances » de cet enseignement, – et, pour les **soufis**, « auditions de musique » ou « concerts spirituels » qui contribuent à leur recherche de l'**extase**.

SAMAD (al-) – « L'Impénétrable ». Un des **Beaux noms de Dieu**.

SAMARRA – Capitale des **califes abbassides** de 836 à 892, située en Irak au nord de **Bagdad**. – Y furent enterrés deux **imâms** des **chiites imamites** duodécimains, le Xe, **'Ali al-Hâdi**, et le XIe, **al-Hasan al-'Askari**. – Dans le même **mausolée** dit des **'Askariyayn**, emplacement où disparut en occultation ou **ghayba** le XIIe imam, **Muhammad al-Muntazar**.

SAMÎ' (al-) – « L'Audient. Un des **Beaux noms de Dieu**.

SÂMIT (al-) – « Le silencieux ». Qualificatif de l'**imâm** « caché » dans le système des **chiites ismaéliens**. **V. nâtiq (al-).**

SANJAK – Subdivision d'une province dans l'Empire ottoman. **V. wilâya.**

SANÛSIYA – Ou Senoussis. **Confrérie soufie**, fondée par al-Sanûsi (1787-1859), qui joua un rôle politique important au XIXe siècle dans le nord de l'Afrique et fut à l'origine de l'État de Libye.

SAQÂLIBA – **V. esclavons.**

SAQAR – Un des noms de l'**enfer** dans le **Coran**. **V. jahannam, nâr** et **sa'îr.**

SAQÎFA – « Auvent » de la maison de **Muhammad** à **Médine**. – S'y rassemblèrent, après sa mort, les **Compagnons** chargés de désigner ses successeurs, les premiers **califes** qualifiés ensuite de **Rashîdûn**. **V. Abû Bakr** et **'Umar.**

SÂRIQA – Objet d'une peine légale ou **hadd**. **V. vol.**

SATAN – **V. Iblîs** et **al-Shaytân.**

SATISFACTION (serment de la) – **V. Ridwân (bay'at al-).**

SAWM – « Jeûne » obligatoire et faisant partie des piliers de l'islam ou **arkân al-dîn**. – Se situe en **ramadân** et consiste en l'abstention de nourriture, boisson, tabac et relations sexuelles pendant toute la journée, du début du mois à sa fin que détermine l'observation directe du premier **croissant de lune**.

SAWMA'A – Litt. « clocher, ermitage ». Terme employé, surtout en Occident musulman, pour désigner un **minaret**.

SAYYID, pl. **SADÂT** – « Maître, seigneur, **noble** », d'où l'appellation **sayyidî**, « monseigneur », devenu **sîdî** en Afrique du Nord. – Fréquemment ajouté au qualificatif **sharîf** pour désigner plus particulièrement, parmi les **Hachimides**, les « descendants de **Muhammad** par sa fille » ou **'Alides**. – Employé également seul dans ce sens, notamment en Inde.

SCEAU des PROPHÈTES – Appellation de **Muhammad**. V. **khatam al-anbiyâ'**.

SCIENCES – En arabe, **'ilm** pl. **'ulûm**. Les théologiens **mutakallimûn** distinguent essentiellement les « sciences religieuses » ou **'ulûm dîniya** et les « sciences profanes » ou **'ulûm dunyâwiya** dont ils donnent souvent des listes précises.

SCHISMES – V. **firqa** et **mouvements politico-religieux**.

SÉANCE – D'enseignement ou de concert spirituel. V. **hadra, majlis** et **samâ'**.

SECOURS DIVIN – V. **ghawth**.

SECTES – Terme employé souvent ainsi que « schismes » ou « dissidences » pour désigner les **mouvements politico-religieux** déviationnistes critiqués par les auteurs **sunnites**. V. **firqa**.

SELAMLIK – Terme turc désignant la partie d'une maison réservée aux hommes. V. **harem**.

SENOUSSIS – V. **Sanûsiya**.

SEPT DORMANTS (les) – V. **ahl al-kahf**.

SERMENT – Pratiqué en islam. – Le « serment judiciaire » ou *yamîn* présente une valeur juridique dans certaines circonstances, notamment quand il est prêté devant le **cadi**. – D'autres serments d'un type particulier existent, dont le « serment d'allégeance » ou **bay'a**, dit aussi « serment de fidélité », et le « serment d'anathème » ou **li'ân**.

SERVITEUR ou ESCLAVE de DIEU – V. **'abd Allâh**.

SHA'BÂN – Huitième mois **lunaire** de l'année **hégirienne**, souvent qualifié de *mukarram* « vénéré ». V. **laylat al-barâ'a**.

SHÂDHILIYA – **Confrérie soufie**, fondée par Abû l-Hasan al-Shâdhili au XIIIe siècle au Maghreb, qui se répandit aussi en Égypte et en Afrique noire.

SHAFÂ'A – « Intercession » en faveur des musulmans pécheurs. – Impossible selon le **Coran**. – Mais selon la Tradition ou **hadîth**, pourra être exercée par **Muhammad** au jour du Jugement ou **yawm al-dîn**. V. **hawd**.

SHAFI'ISME – V. **chaféisme**.

SHAHÂDA – « Confession de foi » consistant à prononcer la formule : *Lâ ilaha illa Allâh wa-Muhammad rasûl Allâh*, « Il n'y a pas d'autre divinité que Dieu et Muhammad est l'envoyé de Dieu ». – Dans le langage juridique, « témoignage » rendu en justice. – Plus rarement, témoignage du « martyr » ou **shahîd**.

SHÂHID, pl. **SHUHÛD** – « Témoin oculaire ». Sa présence est le plus souvent nécessaire pour décider de l'application d'une peine légale ou **hadd**. – Doit en outre légitimer tous les **actes** juridiques. **V. 'âdil** et **cadi**.

SHAHÎD, pl. **SHUHADÂ'** – « Témoin de l'islam » et « martyr ». Le plus souvent tombé en pratiquant le **jihâd**. Promis au **paradis** selon le **Coran**.

SHAHIDA – « Être témoin » et « rendre témoignage ». Verbe dont la racine sert à former plusieurs mots du vocabulaire religieux. **V. mashhad, shahâda, shâhid** et **shahîd**.

SHAJARA (bay'at al-) – « Serment de l'Arbre ». Autre nom du serment d'**allégeance** à **Muhammad** appelé aussi bay'at **al-Ridwân** ou « serment de la Satisfaction » : il aurait été prêté sous un arbre situé non loin de **La Mekke**.

SHARÎ'A ou **CHARIA** – « Loi établie par Dieu », c'est-à-dire l'ensemble des règles révélées par Dieu à **Muhammad**, qui s'appliquent à la vie religieuse et sociale des musulmans à l'intérieur de la **communauté**. – Élaborée et précisée par l'activité humaine des juristes ou **faqîhs**, spécialistes du droit religieux ou **fiqh**. – Certains de ses éléments, notamment ceux qui concernent le droit pénal, ont été abandonnés par la plupart des États musulmans modernes à partir du milieu du XIXe siècle. Il est aussi difficile d'établir la liste précise de ces États que de faire exactement le bilan de prescriptions devenues caduques plutôt que légalement abandonnées. En Arabie Saoudite toutefois on applique toujours officiellement les peines légales ou **hadd** et, dans divers pays, le retour à la sharî'a est présenté comme un idéal que défendent les partis extrémistes.

SHATH – « Propos extatique » attribué à un **mystique** ou **soufi**.

SHAWWÂL – Dixième **mois lunaire** de l'année **hégirienne**, généralement qualifié de *mubârak* ou « béni ».

SHAWT, pl. **ASHWÂT** – Un des sept parcours que comprend le rite de la « course » ou sa'î lors du **Pèlerinage**. **V. Marwa (al-)** et **Safâ (al-)**.

SHAYKH – V. **cheikh**.

SHAYKH al-ISLÂM – Titre de la plus haute autorité religieuse dans l'État ottoman. **V. cadi, mufti** et **ouléma**.

SHAYTÂN (al-) – « Satan ». Nom d'origine sémitique que porte souvent **Iblîs** dans le **Coran**. **V. al-rajîm**.

SHARÎF, pl. **ASHRÂF** et **SHURAFÂ'** – « **Nobles**, membres de la **famille de Muhammad** », c'est-à-dire **Hachimides** qui descendent de l'aïeul de Muhammad, Hâchim, en deux branches, les **Abbassides** et les **'Alides**. – Titre dispensateur de prestige jusqu'à la période actuelle, auquel s'ajoute souvent le qualificatif de **sayyid** pl. **sadât**, parfois employé seul.

– Qualifie toujours des **dynasties** de **chérifs** ou **chorfa** dont certaines règnent encore à l'époque actuelle. V. **naqîb**.

SHÎ'A ou **SHÎ'AT 'ALI** – Le « Parti de **'Ali** ». D'où « **chiisme** ».

SHIRK – V. **associationnisme** et **mushrik**.

SHIRKA – Dans le langage juridique et commercial, « association » entre deux ou plusieurs personnages qui participent à quelque entreprise commune.

SHÎTH – Ou Seth. Personnage biblique connu de plusieurs auteurs et vénéré comme **prophète** par la dévotion populaire. – Il s'agirait du troisième fils d'**Adam** qui aurait séjourné à **La Mekke** et aurait été enterré près du mont Abû Qubays.

SHU'AYB – **Prophète** mentionné par le **Coran**, qui aurait été envoyé au peuple **arabe** de Madyan. – Il fut identifié avec le beau-père de Moïse et assimilé au Jethro biblique.

SHUKR – « Reconnaissance ». – La reconnaissance envers Dieu est recommandée par le **Coran**.

SHÛRA – « Consultation, concertation ». Désigne spécialement la réunion d'éminents **Qoreïchites** qui, après la mort du **calife 'Umar**, aboutit à la désignation de son successeur **'Uthmân**. – Fut à diverses reprises considérée comme le mode de désignation requis pour les califes ultérieurs, mais ne fut pas toujours retenue par les théoriciens. – À l'époque moderne, c'est en se fondant sur ce principe que les États islamiques justifient la pratique de la démocratie.

SHURAFÂ' ou **SHURFA** – Pl. de **sharîf**. V. **chérifs** et **chorfa**.

SHURTA – « Police ». V. **sâhib al-shurta**.

SIDDÎQÛN – Expression **coranique** pour désigner « les justes ». – Qualificatif largement employé par la suite et appliqué aux **saints**.

SIFÂT – V. **attributs divins**.

SIFFÎN – Localité de Haute-Mésopotamie, située sur les bords de l'Euphrate, où eut lieu, en 657, un affrontement entre les **Compagnons** de **Muhammad**, séparés en partisans de Mu'âwiya et partisans de **'Ali**, qui aboutit à la décision de s'en remettre à l'arbitrage d'**Adhruh**. – À cette décision s'opposèrent les **kharijites** qui « sortirent » des rangs des partisans de 'Ali.

SIGNE de DIEU – Expression **coranique**. V. **âyât** et **ayatollah**.

SIHR – V. **magie**.

SIKKA – « Droit de frapper **monnaie** ». Prérogative des **califes** et des souverains.

SILSILA – « Chaîne de transmission ». Utilisée par les **soufis** pour indiquer la relation de leur « voie » mystique ou **tarîqa** avec le fondateur de leur **confrérie**. – Le novice doit apprendre cette « chaîne » porteuse de bénédictions ou **baraka**. V. **isnâd**.

SIMPLICITÉ de l'ISLAM – En arabe, *sadhâja*. Qualité spécialement vantée par Muhammad Abduh, représentant du réformisme ou **islâh** au début du XXe siècle.

SINF, pl. **ASNÂF** – V. **corporations**.

SIQÂYA – « Droit d'abreuver les pèlerins » dans **La Mekke** pré-islamique. Réservé à un membre **hachimide** de la tribu de **Qoreïch**. V. **'Abbâs (al-)**.

SÎRA – « Manière d'agir, conduite ». – Terme désignant tout particulièrement la biographie de **Muhammad**, *Sîrat rasûl Allâh*, écrite par Ibn Ishâq et reprise ensuite par Ibn Hishâm (m. 833), qui a utilisé la matière d'ouvrages portant le titre de **maghâzi** ou « expéditions guerrières ». – Désigne aussi, mais plus rarement, des biographies de souverains ou d'**imâms**. S'applique également à des romans biographiques populaires qui constituent un genre littéraire particulier. V. **tabaqât**.

SIRÂT – Dans le **Coran**, « chemin, voie ». – Désigne aussi le pont « fin comme un cheveu » que les **élus** devront, selon la tradition ou **hadîth**, traverser pour gagner le **paradis** au jour du Jugement ou **yawm al-dîn**.

SIRÂT al-MUSTAQÎM (al-) – « La voie droite » que doit suivre tout musulman. – Mentionnée par le **Coran**, particulièrement dans le texte souvent répété de sa **sourate** liminaire, la **Fatiha**.

SIYÂSA SHAR'IYA – « Politique en accord avec la Loi religieuse » ou **sharî'a**. Consistant à prendre des mesures réglementaires complétant cette Loi, elle constitue la prérogative essentielle du souverain musulman. V. **calife** et **sultan**.

SOIE – Les vêtements de soie sont interdits aux hommes, selon la tradition ou **hadîth**.

SOLEIL – En arabe, *shams*. Mentionné dans le **Coran** comme un des **signes** de Dieu. Son observation au cours de la journée détermine les heures quotidiennes de la Prière rituelle ou **salât**. V. **lune** et **salât al-kusûf**.

SOLIDARITÉ – Imposée dès l'origine aux musulmans par le pacte de la **sahîfa**, appelé aussi « constitution de **Médine** », qui créa leur **communauté** en spécifiant qu'aucun croyant ou **mu'min** ne peut faire la paix en dehors d'un autre croyant. – Développée ensuite grâce à la **piété** que définit le **Coran** et qui impose de soutenir les éléments défavorisés de la société, ce qui encouragea la multiplication des **fondations pieuses**. V. **amâna**, **ibn al-sabîl**, **maskîn**, **sâ'ilûn**, **ta'lîf al-qulûb** et **yatîm**.

SOUFIS – Représentants du mouvement **mystique** appelé **soufisme**.

SOUFISME – En arabe, **tasawwuf**. « Mouvement **mystique** » dont le nom provient du mot **sûf**, « laine », désignant la robe rapiécée ou **khirqa** que ses adeptes portaient dans les premiers temps. – Apparu discrètement dès le VIIIe siècle, a connu plusieurs étapes et diverses tendances. Fut d'abord le fait de dévots qui prêchaient un certain **ascétisme** et le renoncement aux biens de ce monde pour que la **pauvreté** leur permette de réaliser une parfaite « soumission » à Dieu ou **islâm** et complète l'observance de la Loi religieuse ou **sharî'a**. Plus tard on exalta le combat contre les passions, mené à l'aide du cœur ou **qalb**, et la quête de l'**extase** par une union avec Dieu fondée sur l'**amour** réciproque que mentionne le **Coran**. – Dans cet esprit, chaque soufi ou chaque école définit les étapes (**hâl**, **manzila** ou **maqâma**) de sa voie ou **tarîqa**, tandis que se développait, dans les milieux populaires, une notion de la **sainteté** liée à la recherche de la bénédiction ou **baraka** à travers la vénération des maîtres soufis. – Jusqu'au IXe siècle, le soufisme fut pratiqué par des personnages isolés dont certains adoptèrent une doctrine théosophique contraire à la transcendance et à l'unicité divine ou **tawhîd**, ce qui leur valut d'être condamnés par certains **oulémas**. Mais à partir du XIe siècle se formèrent des **confréries**, groupées autour d'un **cheikh** et pratiquant des exercices collectifs, qui étendirent leur influence à la population active et lui fournirent un complément de vie religieuse sans entrer théoriquement en conflit avec les exigences de la Loi.

SOUFRITES – Une des branches du **kharijisme** modéré, qui se manifesta particulièrement au Maghreb occidental au VIIIe siècle. **V. azrakites, ibadites, mozabites** et **najadât**.

SOUK – De l'arabe *sûq*. Marché urbain médiéval dont la forme particulière d'organisation (petites boutiques régulièrement alignées et regroupées par métier) traduisait les effets d'une coutume ancienne, peut-être héritée de la civilisation byzantine, qui facilita la tâche du **muhtasib**. – À côté des rues commerçantes existaient aussi des entrepôts fermés, véritables structures architecturales portant les noms de **khân**, *funduq* ou **bedesten**, par exemple, après la disparition des **qaysariyas**.

SOUMISSION à DIEU – V. **islâm**.

SOURATES – Chapitres du **Coran** classés en fonction de leur longueur. Ceux qui rassemblent le plus grand nombre de versets ou **âyât** relèvent sans doute de la dernière période de la vie de **Muhammad**, mais se trouvent, dans la recension officielle, en tête du volume.

SOUTIENS (les) – Parmi les Compagnons de **Muhammad**. V. **Ansâr**.

STATUTS – V. **personnes (statut des)** et **terres (statut des)**.

SU' – V. **mal (le)**.

SUBH (salât al-) – « Prière de l'aube ». Première Prière rituelle ou **salât** quotidienne parmi les cinq obligatoires. Prend place avant l'apparition du disque du **soleil**.

SUBHA – Litt. « louange [de Dieu] ». D'où chapelet servant à énumérer les **Beaux noms de Dieu**. V. **tasbîh**.

SUBHÂN ALLAH – « Louange à Dieu ». Doxologie visant à glorifier Dieu au-dessus des hommes, abondamment répétée dans le **Coran** et dans la vie quotidienne. V. **hamdala** et **tasbîh**.

SUBSISTANT (le) – Un des qualificatifs de Dieu. V. **Qayyûm (al-)**.

SUCCESSEUR – V. **calife** et **khalîfa**.

SUCCESSIONS – En matière de dispositions juridiques. V. **héritage**.

SÛF – « Laine » dont était faite la robe ou **khirqa** des mystiques qui furent appelés **soufis**.

SUHRAWARDIYA – **Confrérie soufie** se réclamant de deux **cheikhs** nommés al-Suhrawardi, qui enseignèrent à **Bagdad** aux XIIe et XIIIe siècles. Elle se répandit en Irak, mais aussi dans l'Inde.

SUIVANTS – Des **Compagnons** de **Muhammad**. V. **Tâbi'ûn**.

SUJÛD – « Prosternation » au cours de laquelle le fidèle touche le sol du front et du nez. Un des gestes de la Prière rituelle ou **salât**. V. **masjid, rak'a** et **sajjâda**.

SULAYMÂN – Ou Salomon. En turc, Suleïman ou Soliman. – Personnage biblique souvent mentionné dans le **Coran** comme un roi, **prophète** et **rasûl** ou « envoyé de Dieu », parfait justicier qui fut doué de pouvoirs exceptionnels. Aurait construit le Temple de **Jérusalem**.

SULH – « Paix », selon une acception dépourvue de la valeur propitiatoire qui s'attache au terme **salâm**. – Met fin à des hostilités, soit entre musulmans, soit entre croyants et non-musulmans, appartenant à la catégorie des « gens du Livre », qui ont accepté de se soumettre à l'islam. Dans le premier cas, dépend d'un contrat ayant généralement un objet matériel et respectant les mêmes règles qu'un contrat de vente ou **bay'**. Dans le second, elle est assurée par l'accord du statut de **dhimma**. – Ne peut intervenir avec les « gens du Livre » n'acceptant pas la domination de l'islam : remplacée alors par des trêves ou **hudna** d'une durée limitée, ne devant pas en principe dépasser dix ans. V. **dâr al-sulh** et **jihâd**.

SULTAN – En arabe *sultân*, c'est-à-dire « pouvoir ». – À partir du XIe siècle, titre conféré par le **calife abbasside** au chef militaire auquel il délègue l'essentiel des pouvoirs. Titre porté par les divers souverains qui se partagèrent alors le monde islamique.

SUNNA, SUNNITES – Le terme *sunna* ou « conduite » est utilisé pour désigner la manière d'agir de **Muhammad**, consignée dans la Tradition ou **hadîth** et devenue la deuxième source du droit religieux ou **fiqh** après le **Coran**. – Par la suite, les partisans de la sunna et de la **communauté**, appelés sunnites ou *ahl al-sunna wa-l-jamâ'a*, s'opposèrent aux **chiites** qui avaient recours aux dires de leurs **imâms** d'ascendance **'alide** et le sunnisme fut représenté par les quatre **écoles juridiques** restées fidèles à la tradition communautaire.

— T —

TÂ'A, pl. **TÂ'ÂT** – Dans le langage juridique, « actes d'obéissance » imposés au corps humain et opposés aux « actes de foi » ou *i'tiqâdât*. – Au sens général, « obéissance » s'oppose à **ma'siya**, « désobéissance ».

TA'ÂLÂ – « Qu'il soit exalté ! » **Doxologie** qui suit obligatoirement le nom de Dieu dans le langage ainsi que les écrits.

TABAQÂT – Litt. « classes » ou « rangées » par couches successives. D'où « dictionnaires **biographiques** » qui classent leurs notices par ordre chronologique des générations et qui concernent généralement les **oulémas** ou hommes de religion ainsi que quelques autres catégories professionnelles. **V. sîra.**

TÂBI'ÛN – « Suivants » [des **Compagnons**]. Viennent immédiatement après la génération des contemporains de **Muhammad**, qui avaient été des témoins directs des faits rapportés par la Tradition ou **hadîth**. – Sont donc, eux aussi, considérés comme des autorités valables dans ce domaine.

TABLÎGH – Litt. « transmission d'un message ». Terme usité à l'époque moderne pour désigner les efforts de diffusion de l'islam grâce à des activités missionnaires. – Servit ainsi à dénommer un mouvement formé dans l'Inde vers 1920 pour développer les conversions. – Également revendiqué aujourd'hui par divers défenseurs extrémistes de l'islam. **V. da'wa.**

TABÛK – Localité d'Arabie, située jadis à la frontière de l'Empire byzantin, que **Muhammad** en 631 atteignit lors d'une de ses expéditions guerrières ou **maghâzi** et qui lui permit d'obtenir la soumission des habitants des oasis voisines. – Épisode considéré comme le début des grandes **conquêtes** qu'il aurait préfigurées.

TAFAKKUR – « Concentration mentale ». Un procédé d'entraînement spirituel pratiqué par les **soufis**.

TAFSÎR – « **Exégèse** coranique traditionnelle », c'est-à-dire respectant le sens littéral. – Le meilleur exemple est fourni par le Commentaire d'al-Tabari (m. 923). **V. Coran** et **ta'wîl.**

TAHAJJUD – Prière rituelle ou **salât** accomplie durant la nuit.

TAHÂRA – « Pureté rituelle ». **V. ablutions.**

TAHRÎF – Dans le vocabulaire théologique, « altération, déformation ». – Terme utilisé par les **oulémas** pour affirmer que le message abrahamique a été déformé par les juifs et les chrétiens et ne serait transmis de façon exacte que par les musulmans. **V. monothéisme.**

TAJDÎD – « Rénovation » en matière religieuse, reposant sur les théories de certains **mystiques** ou **soufis**. **V. mujaddid.**

TAKBÎR – Action de prononcer la **doxologie** Allâh akbar. **V. kabbara.**

TAKFÎR – Action de déclarer quelqu'un « infidèle » ou **kâfir**. **V. kufr.**

TAKLÎF – Dans le langage du droit religieux ou **fiqh**, « obligation ». – D'où l'expression *taklîf mâ lâ yutâqu*, « l'obligation à l'impossible », qui ne peut être imposée par Dieu. **V. mukallaf.**

TALAB al-'ILM – « Recherche de la science religieuse ». **V. 'ilm** et **tâlib.**

TÂLIB – « Étudiant » en science religieuse. – Profitant, depuis le XIe siècle, de l'enseignement dispensé dans des **madrasas** où il est logé et nourri, en même temps que ses professeurs, grâce à des **fondations pieuses** alimentées financièrement par le système des « biens de main-morte » ou **waqf**.

TALÂQ – « Répudiation ». **V. divorce.**

TALFÎQ – Litt. « assemblage ». – Dans le langage juridique, procédé utilisé par des juristes ou **faqîhs** contemporains pour combiner les opinions provenant d'**écoles juridiques** différentes et définir une nouvelle règle.

TA'LÎF al-QULÛB – « Ralliement des cœurs ». – Manifestations de **solidarité** entre musulmans recommandées par le **Coran**. V. **qalb**.

TALION – Dans le langage juridique. V. **qisâs**.

TALISMAN – V. **magie**.

TÂLÛT – Ou Saül. Personnage biblique mentionné dans le **Coran** comme un **prophète**.

TAMATTU' – Litt. « jouissance ». Dans le langage du droit religieux ou **fiqh**, manière d'accomplir le **Pèlerinage** à **La Mekke** en séparant l'accomplissement de la **'umra** et du **hajj** par une **désacralisation**. V. **qirân**.

TANZÎH – Dans le vocabulaire religieux, « élimination » des éléments anthropomorphiques du concept divin, c'est-à-dire négation de la doctrine du **tashbîh**. V. **ta'tîl**.

TANZÎL – Action de « faire descendre », c'est-à-dire « révéler » un message divin. – Terme d'un usage constant pour évoquer l'origine du **Coran**, « récité » par **Muhammad**. V. **nuzûl** et **révélation**.

TAPIS – En arabe, *bisât*. Éléments indispensables du mobilier des **mosquées**, recouvrant le sol en vue de la prosternation ou **sujûd** des fidèles. V. **sajjâda**.

TAQIYA – Dans le vocabulaire du droit religieux ou **fiqh**, « dissimulation » pratiquée par les adeptes d'opinions minoritaires au sein de la **communauté**, notamment par les **chiites**, pour échapper aux poursuites. – Pratiquée par tous envers les non-musulmans.

TAQLÎD – Litt. « imitation ». – Désigne l'attitude des **oulémas**, notamment juristes ou **faqîhs**, dont l'idéal est d'imiter les anciens ou **salaf** en évitant toute innovation ou **bid'a**. V. **salafiya**.

TAQWA – « Crainte de Dieu ». Évoquée à plusieurs reprises par le **Coran**. – Joue un rôle essentiel pour les mystiques ou **soufis** car elle mène à la **piété** ou bien se confond avec elle. V. **muttaqûn**.

TARÂWÎH – Dans le droit religieux ou **fiqh**, Prière rituelle ou **salât** accomplie durant les nuits de **ramadân**. – Se compose le plus souvent de vingt **rak'as** réparties en cinq groupes de quatre. Comporte donc des pauses d'où le terme de *tarâwîh* ou « arrêts ».

TARÎQ – « Voie » au sens figuré comme au sens propre. La voie de la « **prophétie** » ou **nubuwwa** s'oppose par exemple à la voie de la « **sainteté** » ou **walâya**.

TARÎQA – « Voie spirituelle » dans le **soufisme**. D'où « **confrérie** ».

TAS de PIERRES de MINÂ (les trois) – V. **jamarât**.

TASARRUF – Dans le vocabulaire juridique, « droit d'usage d'un bien ». V. **milk**.

TASAWWUF – V. **soufisme**.

TASBÎH – Litt. « **louange [à Dieu]** ». D'où chapelet servant à énumérer les **Beaux noms de Dieu**. V. **subha**.

TASDÎQ – Dans le vocabulaire théologique, « adhésion intime » à la croyance ou **îmân**. V. **siddîqûn**.

TASHBÎH – « Anthropomorphisme » ou doctrine théologique consistant à reconnaître à Dieu des **attributs** semblables aux qualifications humaines. – Les **mu'tazilites** et les théologiens **mutakâllimûn** aux opinions rationalisantes accusent les **traditionalistes, hanbalites** en particulier, de prêcher un anthropomorphisme qu'ils considèrent comme contraire à la transcendance divine et à l'unicité ou **tawhîd**.

TASHRÎQ – Appellation donnée aux trois journées du **hajj**, soit les 11, 12 et 13 **dhû l-hijja**, qui, après un retour des pèlerins à **La Mekke**, sont consacrées aux lapidations des trois « tas de pierres » ou **jamarât** de **Minâ**.

TAS'ÎR – Dans le vocabulaire juridique, « taxation des prix » ou « cours forcé » prescrit par le **muhtasib** pour éviter des hausses abusives et des tentatives d'accaparement ou **ihtikâr**, notamment en Égypte sous les **Mamlouks**. V. **économique (éthique)**.

TASLÎM – « Salutation ou bénédiction sur **Muhammad** », c'est-à-dire l'action de prononcer la formule **sallâ Allâh 'alayhi wa-sallama**. – Signifie aussi « soumission à Dieu », de même que le terme **islâm** qui relève de la même racine.

TA'TÎL – Dans le langage théologique, « dépouillement extrême de la notion de Dieu », qui aboutit à la négation des **attributs** divins. Doctrine des **mu'tazilites** critiquée par leurs adversaires. V. **tanzîh**.

TAWÂF – Rite de « circumambulation » effectué dans le sanctuaire de **La Mekke** autour de la **Ka'ba**. – Consiste, en état de **sacralisation**, à tourner sept fois, dont trois fois en courant, sur le vaste emplacement aménagé ou **matâf**. – S'effectue, soit au cours du Pèlerinage mineur ou **'umra**, soit à la fin du Pèlerinage majeur ou **hajj**. – Pratiqué parfois aussi autour du rocher de la **coupole du Rocher** à **Jérusalem** ou bien, dans certaines pratiques populaires, autour de la **tombe** de quelques **saints**.

TAWAKKUL – « Absolue confiance en Dieu ». Une des dispositions requises du **soufi**. V. **wakîl**.

TAWALLUD – Dans le langage théologique, « naissance ou génération des actes » par enchaînement, c'est-à-dire **déterminisme**.

TAWBA – « Repentir ». – Au cours du **hajj**, le musulman exprime son repentir et demande à Dieu de lui remettre ses **fautes** touchant la non-observance des actes cultuels ou **'ibâdât**. V. **istighfâr, kaffâra** et **pardon de Dieu**.

TAWHÎD – « Unicité divine ». – Dogme fondamental de l'islam, dont le refus entraîne la condamnation pour **associationnisme** ou **shirk**. – Fait toutefois l'objet d'interprétations opposées en ce qui concerne les **attributs** divins et a été défendu par des **mouvements politico-religieux** aux options fort différentes. V. **Almohades, faute, ithm, muwahhidûn** et **mu'tazilisme**.

TA'WÎL – « Procédé d'**exégèse** » du **Coran** consistant à en rechercher le « sens caché » ou **bâtin**. Peut aussi être qualifié d'exégèse « allégorique » et « ésotérique ». – Pratiqué surtout par les **chiites**, cherchant à légitimer les prétentions au pouvoir de **'Ali** ainsi que des **imâms 'alides**, et par les **soufis** préoccupés de justifier leur recherche de l'**extase**. V. **tafsîr**.

TAYAMMUM – Pratique cultuelle consistant à faire des **ablutions** avec du sable ou de la terre quand l'eau manque. V. **ghusl, pureté rituelle** et **wudû'**.

TA'ZÎR – Dans le vocabulaire du droit religieux ou **fiqh**, « peine discrétionnaire » infligée par le **muhtasib** pour des délits mentionnés par le **Coran** mais ne faisant pas l'objet d'une sanction précise. – Doit être inférieure à la plus faible « peine légale » ou **hadd**, c'est-à-dire 50 coups de fouet. – Régime modifié sous l'Empire **ottoman**.

TA'ZIYA – « Poème de deuil religieux », souvent de forme dramatique, pouvant donner lieu à des représentations scéniques. Accompagne en Iran et en Inde la célébration **chiite** de l'**Achoura**, pour commémorer la mort violente de l'**imâm al-Husayn**.

TCHADOR – Voile recouvrant entièrement le corps d'une femme et ne laissant visible que le haut du visage, surtout en usage en Iran. V. **burqu'**.

TCHICHTIYA – **Confrérie soufie** tirant son nom de la localité de Tchicht en Afghanistan. – Connut un remarquable essor dans l'Inde.

TEKKE – Appellation turque pour les couvents de **soufis**. V. **khânqâh**.

TÉMOIGNAGE – Terme juridique. V. **shahâda**.

TÉMOIN – Oculaire. V. **shâhid** et **shahida**. Officiel ou instrumentaire. V. **'âdil** et **adoul**. De l'islam en martyr. V. **shahîd**.

TERRES (statut des) – Repose en principe sur des règles énoncées dans le **Coran** selon deux options principales. – Les terres possédées par les musulmans en Arabie sont soumises à la **zakât**, c'est-à-dire à la **dîme** ou *'ushr*, ainsi que les terres abandonnées par leurs anciens propriétaires, dont certaines furent concédées par l'État à des musulmans sous forme d'*iqtâ'*. – Les terres conquises « par la force » n'ont pas été distribuées aux conquérants par le **calife 'Umar** qui les a considérées comme un bien de la **communauté** ; leurs occupants ont continué à payer un loyer équivalant à l'impôt foncier lourd prélevé anciennement, qui était appelé **kharâj**. V. **miri** et **timar**.

THAMOUD – **Tribu arabe** ancienne qui repoussa le message du **prophète Sâlih** et est, à ce titre, mentionnée par le **Coran**.

THA'R – « Vengeance » en cas d'**homicide**. Exercée dans l'Arabie pré-islamique par la loi du talion ou **qisâs** et réglementée ensuite par le **Coran**.

THÉOLOGIE, THÉOLOGIENS – **V. kalâm** et **mutakallimûn**.

THORA – Nom du Pentateuque dans le **Coran**.

TIJANIYA – **Confrérie soufie**, tirant son nom de son fondateur au Maroc, Ahmad al-Tijâni (m. 1815). – Se répandit au Maghreb et en Afrique noire.

TIMAR – Domaines concédés à titre temporaire, sous l'Empire ottoman, à des chefs militaires chargés d'entretenir un contingent armé. **V. iqtâ'.**

TIRMIDHI (al-) – Auteur d'un des six recueils canoniques de **hadîth**, mort à Tirmidh/Termez, en Asie centrale, en 892.

TOMBE – En arabe, généralement **qabr**, mais aussi **darîh, rawda** et autres termes. – Accueille le corps d'un défunt enterré selon les règles islamiques en usage et transporté généralement dans un cimetière en dehors de la ville, même si, au Moyen Âge, des notables pouvaient être enterrés dans leur maison ou dans leur **fondation pieuse**. – La Tradition ou **hadîth** recommande de ne pas décorer les tombes, mais on prit très tôt l'habitude de marquer leur emplacement par des stèles ou des cénotaphes de pierre portant le nom du défunt et des formules pieuses. – À partir du XIe siècle environ, ces monuments funéraires furent souvent abrités à l'intérieur de **mausolées** plus ou moins imposants. – À la même époque certains d'entre eux firent l'objet de « visites pieuses » ou **ziyâras** dont l'habitude se développa en même temps que le « culte des **saints** ». **V. 'adhâb al-qabr** et **mort.**

TOUT-PUISSANT (le) – Un des qualificatifs de Dieu. **V. Qadîr (al-).**

TRADITION – **V. hadîth.**

TRADITIONALISME – Tendance qui caractérise certaines **écoles juridiques** et **théologiques** et qui consiste à adopter une interprétation **littérale** traditionnelle des textes révélés. **V. acharites, ahl al-hadîth, ahl al-sunna, attributs, hanbalisme, hashwiya, jabrites, jamâ'a, salaf, taqlîd, tashbîh.**

TRADITIONNISTE – À ne pas confondre avec « traditionaliste ». **V. muhaddith.**

TRANSCENDANCE DIVINE – Affirmée avec vigueur par les **mu'tazilites** qui déclarent : « Nul n'est semblable à Lui [Dieu]. » **V. ghayb.**

TRANSMETTEURS (chaîne de) – **V. isnâd** et **silsila.**

TRANSMISSION – Des textes importants. **V. naql** et **riwâya.**

TRÊVE – Entre musulmans et non-musulmans. **V. hudna.**

TRIBUNAUX – Du **cadi** ou de l'autorité gouvernementale. **V. dâr al-'adl, mahkama** et **mazâlim.**

TRIBUS ARABES – Marquées par leurs luttes classiques et les effets d'une **solidarité** interne que l'islam voulut remplacer. D'où la « convention de **Médine** » ou **sâhifa** par laquelle **Muhammad** substituait à leur organisation celle d'une **communauté** regroupant tous les musulmans. – La primauté de la tribu de **Qoreïch** a cependant été maintenue par la suite pour le choix du **calife**.

TRÔNE de DIEU – Dans le **Coran**. **V. 'arsh** et **kursi**.

TURBAN – **V. 'imâma**.

TUTEUR – Terme juridique. **V. walî**.

— U —

UBAYY ibn KA'B – Un des scribes qui mirent par écrit des parties du **Coran** du vivant de **Muhammad**. **V. Mu'adh ibn Jabal** et **Zayd ibn Thâbit**.

'UBBÂD – Pl. de **'âbid** : « ascètes » au sens de **soufis**.

'UDÛL – Pl. de **'âdil** : « témoins officiels ou instrumentaires ». **V. adoul**.

UHUD (bataille d') – **V. Ohod**.

'ULAMÂ'– Pl. de **'âlim**. **V. ouléma**.

ULÛ L-AMR – Expression désignant dans le **Coran** les « détenteurs de l'autorité ». Les musulmans leur doivent obéissance. Mais rien ne précise comment ils peuvent être désignés. **V. amr, calife, chiisme** et **sunnisme**.

'ULÛM al-'AQLIYA (al-) – Les « sciences reposant sur le raisonnement ». **V. 'aql** et **'ulûm al-naqliya (al-)**.

'ULÛM al-DÎNIYA (al-) – Les « sciences religieuses », par opposition aux sciences profanes ou **'ulûm al-dunyâwiya (al-)**. **V. fiqh, hadîth, kalâm, madrasa, tâlib** et **tafsîr**.

'ULÛM al-DUNYÂWIYA (al-) – Les « sciences terrestres ou profanes », par opposition aux sciences religieuses ou **'ulûm al-dîniya (al-)**.

'ULÛM al-HIKMIYA al-FALSAFIYA (al-) – « Les sciences philosophiques ». **V. falsafa** et **hikma**.

'ULÛM al-NAQLIYA (al-) – « Les sciences reposant sur l'autorité de la tradition ». **V. naql** et **'ulûm al-'aqliya (al-)**.

'ULÛM al-SHA'RIYA (al-) – « Les sciences juridico-religieuses ». **V. sharî'a**.

'UMAR – **Compagnon** de **Muhammad** et deuxième **calife** de l'islam parmi les quatre **Râshidûn**, qui régna de 634 à 644. – Sous son règne eurent lieu les premières des « grandes **conquêtes** » fondant le futur Empire musulman. – On lui attribue les mesures fiscales touchant les occupants des **terres** conquises. **V. kharâj** et **zakât**.

UMM al-MU'MINÎN – « Mère des croyants ». Surnom honorifique de **'Â'isha**, fille **d'Abû Bakr** et épouse préférée de **Muhammad**. **V. amîr al-mu'minîn** et **mu'min**.

UMM al-WALAD – « Mère d'un garçon ». **Concubine-esclave** ou **jâriya** ayant donné le jour à un garçon, ce qui interdit à son maître de la vendre. – Concubine d'un souverain, elle bénéficie de privilèges, et son fils, considéré comme faisant partie de la famille paternelle, peut devenir héritier présomptif. – Lorsque ce fils était monté sur le trône, elle portait chez les Ottomans le titre de « reine mère » ou « sultane valide ».

UMMA – V. **communauté**.

UMMI – Épithète de **Muhammad**, dont le sens **littéral** est « illettré ». – Certains proposent de lui donner le sens de « prophète des Gentils » en arguant du fait que Muhammad prêcha aux **Arabes** et non aux **juifs**.

'UMRA – **Pèlerinage** mineur à **La Mekke**. – Ensemble de rites que l'on peut accomplir à toute époque de l'année, mais que l'on assume souvent avant ou après le **hajj**. – Consiste à exécuter les tournées rituelles de circumambulation ou **tawâf** suivies de la « course » ou **sa'i** ; on peut aussi boire de l'eau de la source de **Zamzam** et pratiquer diverses invocations à des emplacements vénérés où se pressent les pèlerins. V. **hijr**, **maqâm Ibrâhîm**, **mizâb**, **multazam** et **mustajâr**.

UNICITÉ DIVINE – V. **tawhîd**.

UNION MYSTIQUE – Identifiée par les **soufis** avec l'**extase**. V. **baqâ**, **fanâ'**, **ittihâl**, **ittisâl** et **wajd**.

UNIVERS – V. **'âlam**, **atomisme**, **causalité** et **création**.

'URF – « Coutume, usage, **droit coutumier** ».

'URS – Célébration de l'anniversaire de la mort d'un **saint**.

'URWA al-WUTHQÂ (al-) – « L'anse solide ». Expression tirée du **Coran** et exprimant la foi du croyant. – Titre de la revue fondée par Muhammad 'Abduh, à la fin du XIXe siècle, dans l'esprit de son réformisme ou **islâh** et de la **salafiya**.

'USHR – Ou « dîme ». V. **zakât**.

USÛL al-FIQH – « Les fondements du droit », c'est-à-dire essentiellement le **Coran** et la Tradition ou **hadîth** appelée aussi **sunna**, auxquels s'ajoutent, selon divers principes et méthodes, des éléments qui varient selon les **écoles juridiques** : tels le « consensus » ou **ijmâ'**, le « raisonnement par analogie » ou **qiyâs** et l' « opinion personnelle » ou **ra'y**. – Les traités de droit proprement dits se bornent à présenter les applications ou **furû'** qui furent établies à partir de ces bases.

'UTHMÂN – Membre de l'aristocratie de **La Mekke** qui devint un des **Compagnons** et le gendre de **Muhammad**. Troisième **calife** parmi les **Râshidûn**, qui avait été choisi à la mort de **'Umar** et régna à **Médine** de 644 à 656. – Fit établir une vulgate du texte du **Coran**. – Se heurta à une opposition croissante et finit assassiné. Fut à l'origine de la crise qu'on a appelée « la grande épreuve » ou **fitna** qui se termina par l'élimination de **'Ali** et la proclamation de Mu'âwiya, cousin de 'Uthman et membre de la tribu de **Qoreïch** (mais non du clan **hachimide**), qui fonda la dynastie des **Omeyyades**. V. **shûra**.

— **V** —

VENDREDI – En arabe, *jum'a*. Nom qui se retrouve dans certaines appellations appliquées à la Prière ou **salât** collective hebdomadaire, à la grande-mosquée ou **jâmi'** et parfois à certains **marchés**.

VENEZ au MEILLEUR OUVRAGE et VENEZ à la PRIÈRE – Formules figurant dans l'appel ou **adhân** prononcé avant la Prière. **V. hayya 'alâ khayr al-'amal** et **hayya 'alâ l-salât**.

VENTE – En arabe, *bay'*. Selon le droit religieux ou **fiqh**, se finalise par un contrat, l'acte de vente ou **'aqd**. – Doit se faire selon des règles précises, définies par les juristes ou **faqîhs** pour maintenir l'équité entre les deux partenaires : objet bien connu de l'un et l'autre, remis à l'acquéreur dès que le montant du prix a été versé, précaution de garantie ou **damân** donnée contre les défauts éventuels de l'objet vendu. **V. îjâb** et **qabûl**.

VÉRITÉ – Au sens religieux et spirituel. **V. haqq**.

VERSETS CORANIQUES – **V. âyât**.

VERSETS SATANIQUES – Versets contraires à l'**unicité divine**, qui ne figurent pas dans le texte officiel du **Coran** et que **Satan** aurait inspirés à **Muhammad** qui reconnut ensuite son égarement.

VÊTEMENT – Correspond, au Moyen Âge, à la diversité des fonctions et des statuts des **personnes**, les **dhimmis** notamment étant astreints à afficher certains signes distinctifs, tandis que les femmes devaient porter un **voile**. – À l'époque moderne ces habitudes se sont peu à peu effacées, sauf en ce qui concerne la tenue de **sacralisation**, pour les pèlerins qui pénètrent dans le « territoire sacré » ou **haram** de **La Mekke**, et, pour les **femmes**, le port du voile, effectif ou symbolique, qui demeure une question partout discutée. **V. burqu'**, **'imâma**, **lithâm**, **qalansuwa** et **tchador**.

VIN – En arabe, *khamr*. Sa consommation est interdite par le **Coran**. **V. nabîdh**.

VISITE PIEUSE – Ou « pèlerinage secondaire ». **V. mazâr** et **ziyâra**.

VIVANT (le) – Un des qualificatifs de Dieu. **V. al-Hayy**.

VIZIR ou **WAZÎR** – « Ministre » ou « auxiliaire » d'un souverain. – Terme arabe utilisé dans le **Coran** pour qualifier **Harûn**/Aaron, le frère de **Mûsâ**/Moïse. D'où sa fortune dans le monde islamique médiéval à partir du moment où les **califes abbassides** l'eurent appliqué aux chefs de leur administration. – Résonances littéraires dues aux *Mille et une nuits* où de nombreux contes évoquent le **calife** Haroun al-Rachid devenu légendaire et accompagné du Barmakide, son vizir.

VOIE SPIRITUELLE – Dans le **soufisme**. **V. tarîqa** et **yol**.

VOILE – En vertu de l'interprétation courante du verset **coranique** « Ô Prophète, dis à tes épouses, à tes filles et aux femmes des croyants de serrer sur elles leur voile », la **bienséance** commande aux musulmanes de ne sortir que la tête couverte, le visage et le corps voilés. – Divers termes désignent cette tenue, qui a varié selon les pays et les milieux

122

concernés. Le mot **hijâb** est le plus général. Les mots **burqu'** et **tchador** sont usités dans les provinces orientales.

VOL – En arabe, *sâriqa*. Puni, par une peine légale ou **hadd**, d'une **amputation** de la main droite si le vol atteint une certaine valeur et a été, soit reconnu par un aveu ou **iqrâr**, soit prouvé par deux témoignages de témoin oculaire ou **shâhid**. – En cas de récidive, on procède à l'amputation de l'autre main et éventuellement à celle d'un pied.

VOLONTÉ DIVINE – V. **irâda**.

VOYAGE NOCTURNE de Muhammad – Mentionné dans le **Coran**. V. **isrâ'**.

VOYANT (le) – Un des qualificatifs de Dieu. V. **Basîr (al-)**.

— W —

WA'D wa-WA'ÎD – « Promesse et menace ». – Principe **mu'tazilite** consistant à affirmer que Dieu appliquera ses menaces de châtiment ou **'adhâb** contre les pécheurs, sans les faire bénéficier de rémission, mais fera aussi bénéficier les vertueux de ses promesses. V. **faute**, **libre arbitre**, **manzila** et **shafâ'a**.

WAHHABISME – Mouvement politico-religieux d'inspiration **hanbalite**, fondé par Ibn 'Abd al-Wahhâb (m. 1792) qui conclut en 1744 un pacte avec le chef de la famille des Âl Sa'ûd d'Arabie. – Fut à l'origine du régime rigoriste de l'Arabie Saoudite, qui s'en tient à une stricte application de la **sharî'a** et qui condamne certains aspects du **soufisme** ainsi que les « visites pieuses » ou **ziyâras** aux **tombes** des **saints**.

WAHDAT al-SHUHÛD – Dans le langage théologique, « unité de la vision ». C'est-à-dire unité du monde phénoménal, opposé au monde divin que le **soufi** atteint seulement par une expérience personnelle. Donc négation du monisme ou **wahdat al-wujûd**.

WAHDAT al-WUJÛD – Dans le langage théologique, « unité de l'existence ». C'est-à-dire monisme inhérent à la doctrine d'un **soufi** tel qu'Ibn al-'Arabi, que partagent aussi les adeptes de nombreuses **confréries**. Selon cette théorie, le soufi qui atteint l'**extase** croit que « Tout est Lui [Dieu] ».

WAHY – V. **révélation**.

WÂ'IZ – « Sermonnaire populaire ». Également appelé **qass**.

WAJD – Dans le langage mystique, « amour ». Un des noms de l'**extase** chez les **soufis**.

WAJH ALLÂH – « Face de Dieu », dans l'expression **coranique** *li-wajh Allâh*, « pour la face de Dieu », c'est-à-dire « pour l'amour de Dieu ».

WÂJIB – Dans le langage du droit religieux ou **fiqh**, qualificatif désignant, parmi les **actes humains** ou **a'mâl**, ceux qui sont « obligatoires ». V. **halâl**, **harâm**, **makrûh**, **mandûb** et **mubâh**.

WAKÎL – « Protecteur ». – Utilisé en parlant de Dieu, notamment dans l'expression *ni'ma l-wakîl,* « quel excellent protecteur ! », qui figure dans le **Coran**. **V. tawakkul.**

WALÂYA – « Dévouement à l'**imâm** », visible ou « caché », qui constitue une obligation fondamentale pour les **chiites** et s'ajoute aux piliers de l'islam ou **arkân al-dîn** traditionnels. – Dans un sens plus général, « sainteté », c'est-à-dire la qualité d'un **walî** *Allâh* ou **saint**.

WÂLI – « **Gouverneur** » d'une province ou **wilâya**.

WALÎ, pl. **AWLIYÂ'** – Terme ayant plusieurs sens parmi lesquels : – « proche, ami », d'où *walî Allah,* « ami de Dieu, **saint** », – « maître, patron », d'où *walî,* « tuteur matrimonial », et *walî l-'ahd,* litt. « détenteur du contrat », c'est-à-dire « héritier présomptif ».

WALÎMA – « Banquet » donné à l'occasion d'un **mariage** ou d'une **circoncision**.

WAQF, pl. **AWQÂF** – En turc, *evkaf.* Appelé *habous* dans l'Occident musulman. – « Bien de mainmorte », déclaré inaliénable par son propriétaire qui en affecte les revenus à une **fondation pieuse** ou charitable, notamment **madrasa**, couvent ou **khânqâh** et hôpital ou **maristân**.

WAQFA – « Station » du pèlerin dans la plaine de **'Arafât**, le premier jour du **hajj**. **V. wuqûf.**

WARA' – « Scrupule pieux ». Avoir des scrupules est une des qualités du bon musulman.

WÂSI – « Légataire ». **'Ali** est, pour les **chiites**, le légataire de **Muhammad**.

WASIYA – « Testament ». – Dans le langage du droit religieux ou **fiqh**, le legs à des personnes non héritières est permis, mais seulement s'il ne dépasse pas le tiers de la succession. Des donations sont autorisées à condition qu'il s'agisse de la propriété et la jouissance d'un bien, car cette disposition permet la pratique du bien de mainmorte ou **waqf**. – Sur le plan politico-religieux, la « désignation testamentaire » ou **nass** permet seule de justifier la dévolution du pouvoir à l'**imâm** chez les **chiites**, à l'encontre de l'**ikhtiyâr** des **sunnites**.

WAZÎR – **V. vizir.**

WAZN al-A'MÂL – « Pesée des actes » de chaque homme le jour du Jugement ou **yawm al-dîn**. – Opération effectuée au moyen d'une balance ou **mîzân** mentionnée par le **Coran**, mais dont l'interprétation pose problème aux théologiens **mutakallimûn**.

WILÂYA – En turc, *vilayet* ou *eyalet.* « Province ».

WIRD, pl. **AWRÂD** – « Série d'invocations » récitées par les **soufis**.

WUDÛ' – « Ablution simple ». **V. ghusl** et **pureté rituelle.**

WUJÛD – « L'être, l'existence ». Terme philosophique employé aussi par les **soufis**. **V. wahdat al-wujûd.**

WUQÛF – Ou *waqfa*. « Station » debout des pèlerins près de **La Mekke**, dans la plaine de **'Arafât** que domine le *jabal* **al-Rahma** ou mont de la Miséricorde. V. **hajj** et **mawqif**.

— Y —

YAHYÂ ibn ZAKARIYÂ' – Jean fils de Zacharie ou Jean-Baptiste, dont la naissance est annoncée dans un passage du **Coran**, inspiré du récit évangélique. – Les auteurs musulmans signalent plusieurs emplacements où serait enterrée sa tête. Le plus connu est la crypte située dans la salle de prière de la grande-mosquée ou *jâmi'* des **Omeyyades** à **Damas**. V. **Zakariyâ'**.

YAHÛD – « Les juifs », appelés aussi *Banû Isrâ'il* dans le **Coran** et comptés au nombre des « gens du Livre » ou *ahl al-kitâb*. V. **dhimma (pacte de), dhimmi, Khaybar, Médine, monothéisme** et **tahrîf**.

YAMÎN – V. **serment**.

YA'QÛB – Ou Jacob. Personnage biblique mentionné dans le **Coran** et considéré comme un **prophète**. – Les narrateurs plus tardifs connaissent son rôle comme père de **Yûsuf**/Joseph et ancêtre des douze tribus d'Israël. V. **Banû Isrâ'îl** et **Isrâ'îl**.

YASA' (al-) – Ou Élisée. Personnage biblique mentionné par le **Coran**.

YATÎM, pl. **YATÂMA** – « Orphelin ». Le **Coran** recommande de le bien traiter et interdit de prendre ses biens.

YATHRIB – Oasis du Hedjaz habitée à l'époque pré-islamique. V. **Médine**.

YAWM al-DÎN – Le « jour du Jugement », appelé aussi « jour du compte » ou « jour de la vérité », est annoncé par plusieurs versets **eschatologiques** du **Coran** et devra suivre la **résurrection** des morts ou **qiyâma**. – Les hommes passeront alors près du bassin ou **hawd**, où ils rencontreront **Muhammad**, et les **élus** atteindront le **paradis** en traversant un pont ou **sirât**, particulièrement difficile à franchir, qui sera fatal aux **damnés**. V. **shafâ'a**.

YAWM al-HASARA wa-l-NADAMA – « Jour de la lamentation et du regret ». Formule souvent ajoutée à « jour de la résurrection ». V. **qiyâma** et **yawm al-dîn**.

YAZIDIS – Ou *Yazîdiya*. Appellation se rapportant au nom du deuxième **calife omeyyade** Yazîd Ier (m. 683). – Ce **mouvement religieux** non **chiite** se développa surtout à partir du XIIe siècle, à la suite de la prédication du Cheikh 'Adi (m. vers 1162), et eut un grand succès chez les Kurdes. – Son syncrétisme se heurta, au XVe siècle, à l'hostilité des Ottomans.

YOL – « Voie, **confrérie** ». Équivalent turc de **tarîqa**.

YÛNUS – Ou Jonas. Personnage biblique mentionné comme **prophète** dans le **Coran** qui l'appelle aussi *Dhû l-nûn* et surtout *Sâhib al-hût*, « l'homme au poisson », en souvenir du poisson qui l'avala.

YÛSUF – Ou Joseph. Personnage biblique dont l'histoire est racontée dans une **sourate** du **Coran** qui en fait un **prophète**. – Récit correspondant en partie à celui de l'Ancien Testament, qui fut complété par des narrateurs plus tardifs. – Le souvenir de Yûsuf reste lié à divers sites et monuments en Palestine et en Égypte. V. **Ya'qûb**.

— Z —

ZÂHID – « Ascète ». Qualité attribuée de façon générale aux **soufis** qui sont également qualifiés de « pauvres » ou **faqîrs** ainsi que **derviches**. V. **ascétisme** et **pauvreté**.

ZÂHIR – « Externe, extérieur, littéral ». Qualificatif s'appliquant au sens obvie du **Coran** et s'opposant à **bâtin** ou « caché ». V. **exégèse** et **tafsîr**.

ZAHIRISME – **École juridique** et théologique élaborée en Irak au IXe siècle, qui se répandit surtout en Espagne musulmane au XIe siècle. – Elle tenait son nom du fait que ses adeptes s'en tenaient strictement au sens **littéral** ou **zâhir** du **Coran** et du **hadîth**. V. **traditionalisme**.

ZAKARIYÂ' – Ou Zacharie. Personnage biblique mentionné par le **Coran** comme un **prophète**, père de **Yahyâ**/Jean-Baptiste. – Sa **tombe** serait à **Jérusalem** dans la grotte de la **coupole du Rocher**.

ZAKÂT – « **Aumône** légale ». Impôt faisant partie des « piliers de l'islam » ou **arkân al-dîn** et ayant pour but de purifier de la souillure du péché. – Primitivement la zakât était prélevée sur le cheptel, les grains, les fruits, l'or et l'argent, les marchandises. Par la suite, d'autres impôts touchèrent ces différents biens ; mais la **dîme** ou *'ushr* prélevée sur les récoltes de certaines **terres** appartenant aux musulmans continua de s'appeler zakât.

ZAMZAM – Puits situé à **La Mekke** près de la **Ka'ba**, où les pèlerins du **hajj** et de la **'umra** doivent s'abreuver et asperger leurs vêtements selon un rite recommandé au Moyen Âge. – La source aurait jadis servi à désaltérer **Ismâ'îl** et sa mère **Hâjar**.

ZANDAQA – Terme d'origine iranienne signifiant l' « impiété » ou l' « hérésie » dont étaient accusés au VIIIe siècle des personnages appelés *zindîq*, pl. *zanâdiqa* : **convertis** restés secrètement fidèles à leur religion manichéenne antérieure, qui furent parfois condamnés pour **apostasie** ou **ridda**.

ZÂWIYA – En turc, *zaviye*. Prononcé au Maghreb *zaouïa*. **Couvent** de **soufis**. – Les édifices de ce nom ont surtout prospéré au Maghreb en donnant naissance à des sanctuaires importants.

ZAYD ibn 'ALI ibn al-HUSAYN – **'Alide** de la descendance d'**al-Husayn**, son petit-fils, qui se révolta à l'époque des **califes omeyyades** et qui fut tué en 740. – Il donna son nom au mouvement **chiite** appelé **zaydisme**.

ZAYD ibn THÂBIT – Un des scribes qui mirent par écrit des parties du **Coran** du vivant de **Muhammad**. V. **Mu'adh ibn Jabal** et **Ubbayy ibn Ka'b**.

ZAYDISME – Mouvement **politico-religieux** d'origine **chiite** qui tire son nom de **Zayd**, petit-fils d'**al-Husayn**. – Ses adeptes reconnaissaient comme **imâm** tout **Alide** de la lignée d'al-Husayn ou d'**al-Hasan**, apprécié pour sa science, qui avait recours à la violence pour réclamer le pouvoir. N'attribuaient aux imâms aucune qualité supra-humaine et ne pratiquaient pas la « désignation testamentaire » ou **nass**, au contraire des autres mouvements chiites. – Le zaydisme anima diverses révoltes passagères ; mais fonda surtout deux **dynasties**, celle du Tabaristan, qui dura du IXe au XIe siècle, et celle du Yémen, établie également au IXe siècle, qui se maintint au pouvoir jusqu'à l'époque contemporaine, en 1962.

ZAYN al-'ÂBIDÎN – « La parure des dévots ». Titre dévolu au IVe **imâm** des **imamites** et IIIe des **ismaéliens**, 'Ali al-Asghar le fils d'**al-Husayn**.

ZÎJ, pl. **AZYÂJ** – Table **astronomique** permettant aux spécialistes de déterminer notamment l'orientation de la **qibla**.

ZINÂ – « Fornication » : le fait, pour un homme, d'avoir des relations sexuelles non licites avec une **femme** qui n'est ni son épouse ni une **esclave-concubine** et, pour une femme, d'avoir des relations sexuelles avec un homme qui n'est ni son mari ni son maître. – Puni de **lapidation** selon la Tradition ou **hadîth**, mais seulement de coups de fouet selon le **Coran**, et à condition qu'il y ait un témoignage formel ou **shahâda** de quatre témoins masculins. – « Peine légale » ou **hadd** abolie avec d'autres dans l'Empire ottoman, en 1858. Ne subsiste que dans les États appliquant strictement la Loi religieuse ou **sharî'a**, qui y ont recours surtout dans le cas de femmes accusées d'adultère.

ZINDÎQ – Coupable d'une forme d'**hérésie** particulière, la **zandaqa**.

ZIYÂRA – « Visite pieuse » à un emplacement nommé **mazâr**. – Rite populaire de vénération du sacré, notamment des **tombes**, **maqâms** et **mashhads** de **saints**, de **prophètes** ou de **shahîds**, par lequel on espère obtenir bénédictions ou **baraka**. – La pratique de ces visites se répandit à partir du XIIe siècle, mais fut condamnée par certains **faqîhs** rigoristes et notamment par les adeptes du **wahhabisme**.

ZOROASTRIEN – V. **majûs**.

ZUHD – V. **ascétisme**.

ZUHR (salât al-) – « Prière de midi ». Deuxième Prière rituelle quotidienne ou **salât** parmi les cinq obligatoires. Elle prend place après que le **soleil** est passé au zénith.

Imprimé en France
Imprimerie des Presses Universitaires de France
73, avenue Ronsard, 41100 Vendôme
Novembre 2002 — N° 49 732